街なかの中国語

耳をすませてリスニングチャレンジ

MP3 CD付

孟 国 主編
井田 綾 訳

● 本書について ●

◎ 本書は『原声汉语　初级实况听力教程』（北京大学出版社、2008年）を全訳、編集したものです。

◎ 各課の構成
【常用句】その課のスキットに出てくるキーフレーズおよび関連フレーズです。番号（1-○、2-○、3-○）は【実況録音】の1～3に対応しています。0は【常用句】にのみ出てくるフレーズです。
【実況録音】各課に3つのスキットを収録しています。街頭録音ですので音質はよくありません。あらかじめご了承ください。
　練習　「判断下列句子的正误」（正誤判断）、「选择正确答案」（四択問題）、「填空」（中国語の穴埋め）、「回答問題」（中国語による記述問題）、「介绍～情况」（日本語による記述問題）などがあります。問題文の中国語と日本語訳は各課の最後にある【練習の問題文と解答】に掲載しています。記述問題に音声はありません。
　単語　聞き取りの手がかりにしてください。音声はありません。
【スキット】スキットの中国語と日本語訳です。
【文法解説】【文化解説】スキットに出てくる表現についての解説です。（例）の音声はありません。
【練習の問題文と解答】記述問題は参考解答を掲載しています。

◎ 付属のMP3CDには、【常用句】【実況録音】「練習」を収録しています。

◎ MP3CDは、通常のCDプレーヤーでは聞けない場合がございます。パソコンやMP3対応のCDプレーヤーでご利用ください。

目 次

| 第一课 | 问候与打招呼　あいさつと呼びかけ …………… 002 |
| 你好／好久不见／最近忙什么呢 |

第一课　问候与打招呼　あいさつと呼びかけ …………… 002
　　　　你好／好久不见／最近忙什么呢

第二课　询问（一）　尋ねる（1） ………………………… 010
　　　　你是哪儿人／星期天有事儿吗／今天几号

第三课　询问（二）　尋ねる（2） ………………………… 018
　　　　去古文化街怎么走／这附近有洗手间吗／请问张老师在吗

第四课　教学安排　授業のカリキュラム ………………… 026
　　　　我能看一下儿课表吗／我们都有什么课啊／选修课都有什么

第五课　生活服务　身の回りのサービス ………………… 034
　　　　请帮我修一下自行车／您要怎么理呢／我想洗几件衣服

第六课　求医（一）　医療サービス（1） ………………… 042
　　　　我挂个内科号／你怎么不舒服／我想选一点儿感冒药

第七课　购物（一）　ショッピング（1） ………………… 050
　　　　芹菜多钱一斤／酸奶和洗发水儿都在二楼／这款有其他颜色的

第八课　求助　助けを求める ……………………………… 058
　　　　8890为您服务／请问您这儿捡到书包了吗／你是什么签证

第九课　在银行　銀行で …………………………………… 068
　　　　我想兑换一些人民币／我想开一个账户／按照提示操作就可以了

第十课　市内交通　都市の交通 …………………………… 076
　　　　用这个卡乘车可以打折吗／我们坐反了吧／出租车

第十一课　求医（二）　医療サービス（2） ……………… 084
　　　　你应该去医院看看／大夫，我牙疼／今天感觉好点儿没有

第十二课	餐饮（一） 飲食（1） ·································	094

我请你吃饭吧 / 你看点点儿什么 / 我想吃京酱肉丝

第十三课	约会与邀请 待ち合わせ、おもてなし ············	102

我有两张电影票 / 快请屋里坐 / 明天6点，学校门口见

第十四课	请假与迟到 欠席する、遅刻する ················	110

帮我向老师请个假 / 我想先走一会儿 / 你怎么又迟到了

第十五课	餐饮（二） 飲食（2） ·································	120

我要巧克力的 / 知道天津小吃有"三绝"吗 / 我喜欢吃素食

第十六课	住宾馆 ホテルに泊まる ······························	128

标准间每晚多少钱 / 现在有房间吗 / 我要退房

第十七课	打电话 電話をかける ·································	136

您要订去哪儿的车票 / 这里是120急救中心 / 人工咨询服务请按0

第十八课	邮寄 郵便局を利用する ······························	146

我想寄一个快递 / 这是您的包裹 / 这是您的汇款凭证

第十九课	外出旅游 旅行する ····································	154

颐和园我已经去过了 / 从哪儿出发 / 我们什么时候到北京

第二十课	谈天气 天気の話題 ····································	162

听天气预报 / 这样的温度正好 / 各地天气差别挺大

第二十一课	安全与事故 交通安全と事故 ·····················	170

骑车不能带人 / 可能发生交通事故了 / 撞车道歉

第二十二课	租房 部屋を借りる ····································	178

租房 / 我听中介公司这样说的 / 我是兄弟搬家公司

第二十三课	借东西　物を借りる	……………………………………	188

　　　　　　我想借你笔记用一下 / 咱俩谁跟谁啊 / 恭敬不如从命

第二十四课	购物（二）　ショッピング（2）	…………………	198

　　　　　　最近出了很多新书 / 你想买什么价位的 / 你是要买卡还是要直接充值

第二十五课	说说体育　スポーツの話	………………………………	206

　　　　　　我也喜欢晨练 / 我建议您办一张次卡 / 熬夜看球赛了

第二十六课	长途交通　長距離交通	………………………………	216

　　　　　　火车晚点了 / 南方航空公司的服务挺好的 / 现在回家真受罪

第二十七课	误会　勘違い	……………………………………………	226

　　　　　　不是10：30吗 / 不是11楼，是17楼 / 你认错人了

第二十八课	感谢和抱怨　感謝、不満、怒り	………………………	234

　　　　　　太谢谢你了 / 这还叫手机吗 / 气死我了

第二十九课	看电视，听广播　テレビを見る、ラジオを聞く	…	242

　　　　　　挑战主持人 / 听广告 / 听新闻

第三十课	文化生活　中国文化	…………………………………………	252

　　　　　　我去了国宝展厅 / 演出快开始了 / 都赶上专业的京剧演员了

街なかの中国語
耳をすませてリスニングチャレンジ

第一课 问候与打招呼 | あいさつと呼びかけ

【常用句】この課に出てくるキーフレーズを覚えましょう　001

1-1 我去教室，你呢？　Wǒ qù jiàoshì, nǐ ne?
教室に行きます。あなたは？

2-1 好久不见，最近怎么样？　Hǎo jiǔ bú jiàn, zuìjìn zěnmeyàng?
久しぶり。最近どうですか？

2-2 还不错，你呢？　Hái bú cuò, nǐ ne?
上々です。あなたは？

2-3 最近挺忙的。　Zuìjìn tǐng máng de.
最近はとてもいそがしいです。

2-4 我有点儿急事儿，得先走了。　Wǒ yǒudiǎnr jíshìr, děi xiān zǒu le.
急ぎの用事があるので、もう行かなければなりません。

2-5 有时间我们一起吃饭吧。　Yǒu shíjiān wǒmen yìqǐ chī fàn ba.
時間があるときに食事をしましょうよ。

2-6 有时间再联系。　Yǒu shíjiān zài liánxì.
時間があるときにまた連絡しあいましょう。

3-1 你这是去哪儿呀？　Nǐ zhè shì qù nǎr ya?
これからどこに行くの？

3-2 最近忙什么呢？　Zuìjìn máng shénme ne?
最近は何をしているのですか？

3-3 我等你电话。　Wǒ děng nǐ diànhuà.
電話を待っています。

实况录音1 | 你好
002 | 张华は刘涛を見かけました

【练习1　选择正确答案】　**003**
問題を聞き、スキットにあてはまるものを選びましょう。

1　A. 教室　　　B. 学校　　　C. 图书馆　　D. 书店
2　A. 教室　　　B. 图书馆　　C. 宿舍　　　D. 书店
3　A. 教师　　　B. 服务员　　C. 职员　　　D. 学生

単語

张华 Zhāng Huá：(人名) 張華
刘涛 Liú Tāo：(人名) 劉涛
图书馆 túshūguǎn：図書館

实况录音2	好久不见
004	運動場で友人に会いました

【练习2　判断下列句子的正误】　　　　　　　　005
読み上げる文章がスキットと合っていれば○、間違っていたら×を書きましょう。

1___　2___　3___　4___　5___　6___

単語

近来 jìnlái：近ごろ、最近
不错 búcuò：すばらしい。わるくない
挺 tǐng：とても
忙 máng：忙しい

有点儿 yǒudiǎnr：少し
得 děi：しなければならない。〜すべきだ
联系 liánxì：連絡する。連絡を取り合う。つながる

实况录音3 | 最近忙什么呢
006 | 莉莉と小梅が教室で話をしています

【练习3　选择正确答案】　　　　　　　　　　007
問題を聞き、スキットにあてはまるものを選びましょう。

1　A. 莉莉　　　B. 小梅　　　C. 梅梅　　　D. 小莉
2　A. 不清楚　　B. 教室　　　C. 参加考试　D. 办公室
3　A. 汉语　　　B. 法语　　　C. 日语　　　D. 英语
4　A. 明天　　　B. 不一定　　C. 哪天　　　D. 那天

単語

最近 zuìjìn：近ごろ、最近
天天 tiāntiān：毎日、来る日も来る日も
准备 zhǔnbèi：備える、準備する
考试 kǎoshì：試験、テスト。試験を受ける、試験を行う
祝 zhù：祈る、願う
成绩 chéngjì：記録、成果、成績
改天 gǎitiān：日を改めて。いつか
哪 nǎ：どの
等 děng：待つ
莉莉 Lìli：(人名) 莉莉さん (ちゃん)
小梅 Xiǎoméi：(人名) 梅さん (ちゃん)

スキット1 | 你好
やあ

(在路边)
张华：刘涛，你好。
刘涛：你好，张华。你去哪儿呢?
张华：我去教室。你呢?
刘涛：我去图书馆。
张华：再见。
刘涛：再见。

(路上で)
張華：やあ、劉濤。
劉濤：やあ、張華。どこ行くの?
張華：教室に行くよ。君は?
劉濤：図書館に行くよ。
張華：じゃあな。
劉濤：またな。

スキット2 | 好久不见
久しぶり

(在操场)
甲：你好。
乙：你好。
甲：好久不见，近来怎么样啊?
乙：还不错，你呢?
甲：还行吧，挺忙的。
乙：是吗? 哎呀! 我有点儿急事，得走了，有时间我们一起吃饭吧。
甲：好的。有时间再联系。再见。
乙：再见。

(運動場で)
A：こんにちは。
B：こんにちは。
A：久しぶりね。最近どう?
B：上々よ。あなたは?
A：まあまあね。とても忙しいのよ。
B：そうなの? あら! 私、急ぎの用事があるから、行かなくちゃ。時間が取れたら一緒に食事しようよ。
A：そうね。時間があったら連絡を取ろうね。じゃあまた。
B：じゃあね。

スキット 3 | 最近忙什么呢
最近どう

(在教室)
莉莉：下课了，小梅。

小梅：莉莉，你这是去哪儿呀？
莉莉：出去一下，最近忙什么呢？

小梅：最近天天准备考试。
莉莉：要考什么试啊？
小梅：英语考试。
莉莉：啊，祝你考一个好的成绩。

小梅：谢谢，谢谢。
莉莉：改天再联系吧。

小梅：好的。哪天我等你电话。
莉莉：行，再见。
小梅：再见。

(教室で)
莉莉：(授業が終わって)帰るのね、小梅。

小梅：莉莉、あなたはどこに行くの？
莉莉：ちょっと外出するの。最近は何をしてるの？

小梅：最近は毎日、試験勉強よ。
莉莉：何の試験？
小梅：英語の試験よ。
莉莉：そうなの。いい成績が取れますように(＝がんばってね)。

小梅：うん、ありがとう。
莉莉：今度また連絡をとりあおうよ(＝こんどまた話そうよ)。

小梅：いいわね。いつか電話してね。
莉莉：うん。じゃあね。
小梅：またね。

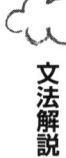
文法解説

1 **好久不见，最近怎么样？**（久しぶりですね。最近どうですか）
怎么样：疑問代詞。物事の状況や相手の考えを尋ねる。
（例）奶奶的病怎么样？好点儿了吗？
　　　おばあさまの具合はいかがですか。良くなられましたか。

2 **还不错，你呢？**（まあまあです。あなたは）
呢：疑問を表す語気助詞。単独の名詞あるいは代詞の後ろでのみ使える。"还不错，你呢？"は「私の状況は上々である。あなたの状況はどうか」という意味を表す。相手が複数の場合は"你们呢？""他们呢？"と言う。
（例）我是上海人，你呢？（你是哪儿的人？）
　　　わたしは上海出身です。あなたは（どちらのご出身ですか）？

3 **最近挺忙的**（最近はとても忙しい）
挺……的：会話表現で常用される。ふつう「……」には形容詞が入る。"挺"の意味は"很"に相当し、"挺热的""挺好的""挺漂亮的"のように用いる。"的"を省略することもある。

4 **我有点儿急事儿，得先走了**
（急ぎの用事があるので、もう行かなければなりません）
得：「～しなければならない」「～すべきだ」という意味を表す助動詞。発音は"děi"。会話表現で使用されることが多い。動詞・数量詞（数詞＋量詞）・フレーズの前に置かれる。単独で質問の答えとなることはできない。否定表現は"不用"（*"不得"とは言わない）。
（例）我得去上课了，不然要迟到了。
　　　学校に行かなければ。遅刻してしまう。

5 **有时间我们一起吃饭吧**（時間がとれたら一緒に食事しましょう）
吧：文末に用いる語気助詞。依頼・提案などを示して相手と相談しようとするニュアンスを表す。命令・催促などの語気を表すこともある。
（例）我看咱们还是坐公共汽车去吧。
　　　やっぱりバスで行くのがいいと思うんだけど。

6 **哪天我等你电话**（いつか電話を下さい）
哪：疑問代詞。会話表現では"něi"と発音される。ここでは確定することができない「いつか」を表す不定用法で用いられている。

（例）你哪天有空儿就过来玩儿吧!
　　　いつか時間ができたら遊びに来てね。

1 你这是去哪儿呀?（どこに行くところなの）
去哪儿：親しい者同士が言葉を交わす際の気軽な呼びかけで、一種のあいさつ言葉。同様のあいさつには"**下班（课）了?**"（帰宅中なの）、"**干什么去呀?**"（何しにいくの）、"**最近怎么样啊?**"（最近どう）、"**工作忙吗?**"（仕事は忙しい）などがある。時として"**你吃饭了吗?**"（もう食事したの）、"**你去哪儿?**"（どこに行くの）のように質問内容が具体的な場合もあるが、聞き手は相手の用事の内容を尋ねたいわけではないので、尋ねられた側は本当のことを答えてもよいし、スキット3の"**出去一下**"のように簡略化して答えてもよい。

練習の問題文と解答

【練習1】
1 张华要去哪儿?（張華はどこに行こうとしているか）　A．教室
2 刘涛要去哪儿?（劉濤はどこに行こうとしているか）　B．図書館
3 他们可能是什么人?（彼らはどういう人物か）　D．学生

【練習2】
1 ×
她们两个人经常见面。(2人はしばしば会っている)
2 ×
她们两个人最近都不太忙。(最近2人ともあまり忙しくない)
3 〇
她们两个人最近过得都很好。(2人とも最近の状況は良い)
4 ×
她们每天在一起吃饭。(2人は毎日一緒に食事している)
5 〇
录音中的一个人因为有急事先走了。(スキットでは1人が急用のため立ち去った)
6 〇
她们有空儿的时候会再联系。(2人は時間があるときに連絡を取り合うだろう)

【練習3】
1 谁下课了?（授業が終わり帰るのは誰か）　B．小梅
2 莉莉要去哪儿?（莉莉はどこに行くつもりか）　A．分からない
3 小梅在准备什么考试?（小梅は何の試験を受けるつもりか）　D．英語
4 她们什么时候再联系?（2人は次にいつ連絡を取り合うか）　B．決まっていない

第二課 询问（一） | 尋ねる (1)

【常用句】この課に出てくるキーフレーズを覚えましょう　008

0-1 您怎么称呼？　Nín zěnme chēnghu?
お名前はなんとおっしゃいますか。＊称呼 chēnghu：(名前を) 呼ぶ

1-1 你今年多大了？　Nǐ jīnnián duō dà le?
今年で何歳になりますか／今年で何歳になりましたか。

1-2 你是哪儿人？　Nǐ shì nǎr rén?
どこの出身ですか。

1-3 家里都有什么人？　Jiāli dōu yǒu shénme rén?
家族にはどんな方がいますか。

1-4 你爸爸做什么工作？　Nǐ bàba zuò shénme gōngzuò?
お父さんは何の仕事をしていますか。

2-1 你星期天有事儿吗？　Nǐ xīngqītiān yǒu shìr ma?
日曜日には用事がありますか？

2-2 什么时候去？　Shénme shíhou qù?
いつ行きますか／何時に行きますか。

2-3 两点半我在校门口等你。　Liǎng diǎn bàn wǒ zài xiào ménkǒu děng nǐ.
2時半に校門で待っています。

3-1 今天是我妈妈的生日。　Jīntiān shì wǒ māma de shēngrì.
今日は母の誕生日です。

3-2 别忘了给妈妈买礼物。　Bié wàngle gěi māma mǎi lǐwù.
お母さんにプレゼントを買うのを忘れないでください。

实况录音 1 | **你是哪儿人**
009 | 小王にいろいろ聞いています

【练习1　判断下列句子的正误】　　　　　　　　010
読み上げる文章がスキットと合っていれば○、間違っていたら×を書きましょう。

　　1 ___　　2 ___　　3 ___　　4 ___　　5 ___　　6 ___

【练习2　介绍一下小王的家庭情况】
王さんの家庭について日本語で紹介してください。

_____

_____

単語

小王 Xiǎo Wáng：(人名) 王さん、王くん　　**一样** yíyàng：同じである

实况录音 2 | **星期天有事儿吗**
011 | 小李に日曜日の予定を聞いています

【练习3　选择正确答案】　　　　　　　　　　012
問題を聞き、スキットにあてはまるものを選びましょう。

1　A. 医院　　　B. 学校　　　C. 邮局　　　D. 门口
2　A. 没事儿　　B. 有事儿　　C. 没空儿　　D. 买上衣
3　A. 录音中的另一个人　　B. 小李　　C. 没有人
　　D. 她们两个人
4　A. 周日晚上　B. 周六下午　C. 下午两点半　D. 周日下午
5　A. 商店门口　B. 学校门口　C. 宿舍门口　D. 教室门口
6　A. 周日　　　B. 周五　　　C. 星期一　　D. 星期六

単語

小李　Xiǎo Lǐ：（人名）李さん、李くん
周日　zhōurì：日曜日
邮局　yóujú：郵便局
件　jiàn：衣服やできごとを数える量詞。
～着、～枚、～件
上衣　shàngyī：ジャケット・はおりものなどの上着
陪　péi：同行する、付き添う
门口　ménkǒu：門、戸口

| 实况录音 3　013 | 今天几号
大切な日を思い出しました |

【练习4　判断下列句子的正误】　014
読み上げる文章がスキットと合っていれば〇、間違っていたら×を書きましょう。

1 _____　2 _____　3 _____　4 _____　5 _____
6 _____　7 _____

単語

玛丽　Mǎlì：(人名) Mary、マリー
忘　wàng：忘れる

礼物　lǐwù：プレゼント、贈り物
当然　dāngrán：もちろん、当然のように

スキット1 | 你是哪儿人
出身はどこですか

（在办公室）
小刘：小王，你今年多大了？
小王：29 了。
小刘：你是哪里人？
小王：我是上海人。
小刘：你家里都有什么人？
小王：嗯，爸爸、妈妈，还有一个弟弟。

小刘：你爸爸做什么工作呢？

小王：嗯，我爸爸是大夫。
小刘：你妈妈也是大夫吗？
小王：不是，我妈妈是教师。
小刘：你弟弟呢？
小王：嗯，他呀，和我一样，是大学生。

（事務室で）
劉：王さんは、今年で何歳？
王：29歳になりました。
劉：出身はどこ？
王：上海です。
劉：家族は誰がいるの？
王：ええと、父と母と、それから弟が1人います。
劉：お父さんはどんな仕事をしていらっしゃるの？
王：ああ、父は医者です。
劉：お母さんもお医者さんなの？
王：いいえ、母は教師です。
劉：弟さんは？
王：はい、弟は私と同じで大学生です。

スキット2 | 星期天有事儿吗
日曜日は用事がありますか

（在校园）
小张：小李，星期天有事儿吗？
小李：嗯，周日上午我去邮局，下午有时间，你有事儿吗？
小张：我想去买件上衣，星期天下午你能陪我去吗？
小李：可以啊！什么时候去？
小张：两点半吧。两点半我在校门口等你。
小李：好的。后天见。
小张：后天见。

（キャンパスで）
張：李さん、日曜日は用事がある？
李：ええと、日曜日は午前中に郵便局に行くけど、午後なら時間があるわ。なんで？
張：上着を買いに行こうと思ってるんだけど、日曜の午後に付き合ってくれる？
李：いいわよ。何時に行く？
張：2時半にしましょう。2時半に校門で待ってるわ。
李：分かったわ。じゃ、明後日ね。
張：うん、じゃあね。

スキット 3 | 今天几号
今日は何日ですか

(在教室)
李华：玛丽，今天几号？
玛丽：今天 9 月 5 号。
李华：是星期三吧？
玛丽：是。
李华：噢，后天是我妈妈的生日。
玛丽：是吗？那你别忘了给你妈妈买礼物啊！
李华：当然不会了。现在几点了？
玛丽：6 点了。
李华：我现在就去买。再见。
玛丽：再见。

(教室で)
李華：マリー、今日は何日かしら。
瑪麗：今日は 9 月 5 日よ。
李華：水曜日よね。
瑪麗：そうよ。
李華：あら、明後日は母の誕生日だわ。
瑪麗：そうなの。じゃあ忘れずにプレゼントを買わなくちゃね。
李華：もちろんよ。今何時かしら。
瑪麗：6 時になったわよ。
李華：今から買いに行くわ。じゃあね。
瑪麗：じゃあね。

文法解説

1 家里都有什么人？（家族にはどんな方がいますか）
都：範囲を表す副詞で、それまでに述べた人や事物の「すべて」を意味する。
（例）柜子里都是些什么书？
　　　棚にある本（のすべて）はなんの本ですか？

2 29了（29歳になりました／29歳になります）
明らかに年齢の話題であることが文脈から分かる場合は、"岁"を省略できる。しかし、10歳以下の場合は"岁"は省略できない。

3 他呀，和我一样，是大学生
（彼は／彼はですね、私と同じで、大学生です）
呀：直前の字の母音の影響を受けて"啊"の発音が変わったときに、発音に合わせて用いる字。発音は"ya"。文の途中で用いるときは、短い休止を導き、ためらいの表現や注意を喚起するはたらきをする。
（例）他呀，都32了，还没结婚呢！
　　　彼はですね、もう32歳なのに、まだ結婚していないのですよ。

4 是星期三吧？（水曜日ですよね）
吧：語気助詞。あることについて、いくらかは知っているが確かではない、という場合に推測の語気を伴った質問をすることができる。
（例）这是你孩子吧？
　　　この子はあなたのお子さんですよね。

5 噢（ああ／おお）
噢：感嘆詞。納得したことや、何かを突然思いついたことを表す。
（例）噢，原来是这么回事。
　　　ああ、そういうことだったのですね。

6 那你别忘了给你妈妈买礼物啊！
（それならお母さんにプレゼントを買うのを忘れないでくださいね）
那："那么"を省略した語で、会話表現でよく用いられる。文の初めに置き、すでに示された内容や条件を受けて当然予想される結果や判断を述べる。
（例）既然这样，那你就让他进来吧。
　　　こうなったからには、（それでは）彼を中に入れましょう。

文化解説

1 您怎么称呼?（お名前はなんとおっしゃいますか）
相手の姓名を尋ねる言い方で「私はあなたをなんと呼べばよいか」という意味。"您贵姓"ほど丁寧ではなく、また"你叫什么名字"ほど直截的でぶっきらぼうでもない。年齢や立場が自分と同じくらいの相手に尋ねる表現としてちょうどよい。

2 你今年多大了?（今年で何歳ですか）
中国語では、相手に応じて年齢の尋ね方が異なる。通常は"你多大了"と尋ねるが、相手が10歳頃までの子供なら"你几岁了"と尋ね、高齢者の場合は"您多大年纪""您多大岁数了"と尋ねる。

練習の問題文と解答

【練習1】

1 ○
小王明年30。(王さんは来年30歳だ)
2 ×
小王不是上海人。(王さんは上海出身ではない)
3 ○
小王家里有四口人。(王さんは4人家族だ)
4 ×
小王的爸爸妈妈都是大夫。(王さんの両親は2人とも医者だ)
5 ×
小王的爸爸是老师。(王さんの父は教師だ)
6 ○
小王和弟弟都在上大学。(王さんと弟は2人とも大学に在学中だ)

【練習2】
王さんは上海出身の29歳、大学に在学中。医師の父、教師の母、大学生の弟がいる。

【練習3】
1 小李星期天上午去哪儿?（李さんは日曜日の午前、どこに行くか） C. 邮便局
2 小李周日下午有空儿吗?（李さんは日曜日の午後に暇があるか） A. 用事がない
3 谁想去买衣服?（服を買いに行くつもりなのは誰か） A. 李さんではない方の登場人物
4 她们什么时候去买衣服?（彼女たちはいつ買い物に出かけるか） D. 日曜日の午後
5 周日下午她们在哪儿见面?（日曜日の午後、彼女たちはどこで待ち合わせをするか） B. 学校の門
6 今天星期几?（今日は何曜日か） B. 金曜日

【練習4】

1 ×
今天是5月9号。(今日は5月9日だ)
2 ○
昨天是星期二。(昨日は火曜日だった)
3 ×
后天是玛丽妈妈的生日。(明後日はマリーの母の誕生日だ)
4 ×
玛丽忘了给妈妈买礼物。(マリーは母へのプレゼントを買い忘れた)
5 ×
玛丽的妈妈不想要礼物。(マリーの母はプレゼントを欲しがらない)
6 ×
玛丽现在就去给妈妈买礼物。(マリーは今から母へのプレゼントを買いに行く)
7 ○
现在6点了。(今は6時になったところだ)

第三课 询问（二） | 尋ねる (2)

【常用句】この課に出てくるキーフレーズを覚えましょう　015

1-1 请问去古文化街怎么走？　Qǐngwèn qù Gǔwénhuà Jiē zěnme zǒu?
お尋ねしますが、古文化街にはどうやって行くのでしょうか。

1-2 离这儿挺远的，您得坐公交车。　Lí zhèr tǐng yuǎn de, nín děi zuò gōngjiāochē.
ここからはとても遠いです。バスに乗って行かなければなりません。

1-3 坐几路车？　Zuò jǐ lù chē?
何番のバスに乗ればいいのでしょうか。

1-4 大概需要多长时间？　Dàgài xūyào duōcháng shíjiān?
大体どれくらいの時間がかかるでしょうか。

2-1 请问这附近有洗手间吗？　Qǐngwèn zhè fùjìn yǒu xǐshǒujiān ma?
お尋ねしますが、この近くにトイレはありますか。

2-2 沿着这条路一直走，然后左转。　Yánzhe zhè tiáo lù yìzhí zǒu, ránhòu zuǒ zhuǎn.
道なりにまっすぐ進んで、それから左折します。

2-3 在第二个路口右转。　Zài dì-èr ge lùkǒu yòu zhuǎn.
2番めの曲がり角を右に曲がります。

3-1 您知道她什么时候回来吗？　Nín zhīdào tā shénme shíhou huílái ma?
彼女がいつ戻るか御存知ですか？

3-2 张老师去7楼拿材料了。　Zhāng lǎoshī qù qī lóu ná cáiliào le.
張先生は7号棟に教材を取りに行きました。

3-3 要不这样吧，你上楼去找她吧。　Yàobù zhèyàng ba, nǐ shànglóu qù zhǎo tā ba.
こうしたらどうですか。あなたが階上に彼女を探しに行ってごらんなさい。

实况录音1 | # 去古文化街怎么走
016 | 古文化街への行き方を聞きました

【练习1　判断下列句子的正误】　　　　　　　　　　**017**
読み上げる文章がスキットと合っていれば○、間違っていたら×を書きましょう。

1 ___　　2 ___　　3 ___　　4 ___　　5 ___　　6 ___

打扰 dǎrǎo：お邪魔する
古文化街 Gǔwénhuà Jiē：古文化街
怎么 zěnme：どのように
离 lí：～から、～まで
坐 zuò：乗る（交通機関を利用する）
公交车 gōngjiāochē：バス

路 lù：番、～号線（バスの路線番号を表す）
观光 guānguāng：観光する
大概 dàgài：およそ、大体、おそらく
差不多 chàbuduō：大体、およそ。同じくらい
样子 yàngzi：～くらい。様子。形

実況録音2 | 这附近有洗手间吗
018 トイレの場所を尋ねています

【練習2 填空】
スキットを聞いて、空欄を埋めましょう。

沿着这条路_____，一直走到_____，

有个荷花池，看见荷花池_____，再走_____，

你就会看到_____。

单语

附近 fùjìn：付近、近辺
洗手间 xǐshǒujiān：お手洗い（トイレ）

沿 yán：〜に沿って
转 zhuǎn：曲がる
门口 ménkǒu：門、戸口

实况录音 3　请问张老师在吗
019
張先生を探しています

【练习 3　选择正确答案】 020
問題を聞き、スキットにあてはまるものを選びましょう。

1　A. 张红　　　B. 张行　　　C. 张黄　　　D. 张横
2　A. 上课去了　B. 拿材料去了　C. 上楼去了　D. 下楼去了
3　A. 10 点半　　B. 不知道　　C. 10 点　　　D. 下课
4　A. 教室　　　B. 家　　　　C. 4 楼　　　　D. 716 办公室
5　A. 下班以后　B. 马上　　　C. 下课以后　　D. 10 点半

単語

张红　Zhāng Hóng：(人名) 張紅

材料　cáiliào：教材、書類、資料
办公室　bàngōngshì：事務室、オフィス

スキット1　去古文化街怎么走
古文化街にはどうやって行くのですか

（在路上）
问路人：啊，对不起，打扰一下。
过路人：什么事儿？
问路人：请问去古文化街怎么走？
过路人：古文化街啊，离这儿挺远的，您得坐公交车。
问路人：噢，那我得坐几路车啊？
过路人：嗯，有904路吧，还有观光2路也可以。
问路人：大概得多长时间？
过路人：差不多一个小时的样子。
问路人：噢，谢谢啊。
过路人：不客气。

（路上で）
聞き手：あの、すみません、ちょっとよろしいでしょうか。
通行人：なんですか？
聞き手：お尋ねしますが古文化街にはどうやって行くのでしょうか。
通行人：古文化街ですか。ここからは遠いですよ。バスに乗って行かなければなりません。
聞き手：そうですか。何番のバスに乗ればいいのでしょうか。
通行人：そうですねえ、904番バスがありますよ。それから、観光2番バスでも行けます。
聞き手：大体どれくらい時間がかかるでしょうか。
通行人：大体1時間くらいですよ。
聞き手：そうですか。どうもありがとう。
通行人：どういたしまして。

スキット2　这附近有洗手间吗
この近くにトイレはありますか

（在公园里）
男：打扰一下，请问这附近有洗手间吗？
女：前面就有。
男：怎么走？
女：沿着这条路直走，一直走到头儿，有个荷花池，看见荷花池左转，再走二三十米吧，你就会看到洗手间。

男：先直走再左转？
女：对。
男：谢谢。
女：不用谢。

（公園で）
男性：ちょっとすみません、お尋ねしますがこの近くにトイレはありますか。
女性：この先にありますよ。
男性：どうやって行くのですか？
女性：この道に沿ってまっすぐ進んで突き当たりまで行くと、蓮の花の池があります。池に着いたら左に曲がって、2、30メートルくらい歩くでしょうか、そうすればトイレに着きますよ。
男性：まっすぐ行ってから左折ですね。
女性：そうです。
男性：ありがとうございます。
女性：どういたしまして。

スキット3 | 请问张老师在吗
张先生はいらっしゃいますか

（在办公室）
学生：你好，请问张老师在吗？

老师：哪位张老师？
学生：张红张老师。
老师：张老师现在不在，她去7楼拿材料了。

学生：是吗，那您知道她什么时候能回来吗？我10点半还要回去上课。

老师：嗯，我也不知道她什么时候回来。要不这样吧，她现在就在7楼716办公室，你上楼去找她吧。

学生：好的，谢谢您，我这就去。

（事務室で）
学生：こんにちは。張先生はいらっしゃいますか。

教員：どの張先生のことですか。
学生：張紅先生です。
教員：張先生なら今はいらっしゃいません。7号棟に資料を取りに行かれましたよ。

学生：そうですか。では、いつ頃お戻りになるかお分かりですか？　私は10時半に授業に戻らなければならないのですが。

教員：そうねえ、いつお戻りになるかは私も分からないわ。こうしたら？先生は今、7号棟716号事務室にいらっしゃるから、探しに行ってみたら？

学生：そうします。ありがとうございました。失礼します。

文法解説

1 差不多一个小时的样子（大体1時間ほどです）
差不多：副詞。時間・距離・程度などの差が小さく、互いにあまり相違ないことを表す。
（例）差不多快十二点了，赶快睡觉吧!
　　　そろそろ12時ですよ、はやく寝なさいな。

2 前面就有（この先にありますよ）
就：動詞の前に置かれると強調の働きを持つ。ここでは確認の意味を強調している。
（例）我的家就在这儿。
　　　私の家はここなのです。

3 我这就去（今すぐ行きます）
这：「いま」の意味で用いられる。「いますぐに」のニュアンスが含まれている。
（例）你先去，我这就来。
　　　あなたが先に行ってください。私もすぐに行きますから。

4 要不这样吧（こうしたらどうですか）
要不：接続詞。"**要不然**"が省略されている。いくつかの状況から選択する場合によく用いられる。
（例）要不你再辛苦一趟。
もう少し頑張ってみてはどうですか。

文化解説

1 打扰一下
（ちょっとお邪魔します＝ちょっとお願いします＝すみません）
誰かに手助けを求めて声をかける時のあいさつ言葉。"**打扰一下**"または"**劳驾**"と声をかける。
（例）打扰一下，去协和医院坐几路车?
　　　すみません、協和病院に行くには何番のバスに乗ればいいのでしょうか。

2 请问去古文化街怎么走?
（お尋ねしますが、古文化街にはどうやって行くのでしょうか）
请问：丁寧に質問をする表現で、文頭に用いる。あいさつ言葉のなかでも最も多く使われる。"**劳驾**"と意味はほぼ同じ。遠慮がちで礼儀正しいニュアンスがあるので、さらに"**对不起**"と付け加える必要

はない。
（例）您好，请问去动物园怎么走?
　　こんにちは。お尋ねしますが、動物園はどうやって行くのでしょうか。

練習の問題文と解答

【練習1】

1 ○
录音中的一个人想去古文化街。（登場する人物の1人は古文化街に行こうとしている）

2 ×
古文化街离这儿不太远。（古文化街はそれほど遠くない）

3 ×
去古文化街得打的去。（古文化街に行くにはタクシーに乗らなければならない）

4 ×
只有904路公交车到古文化街。（古文化街に行くのは904番バスだけだ）

5 ○
坐观光2路也可以到古文化街。（観光2番バスでも古文化街に行ける）

6 ○
从这儿到古文化街大约需要一个小时左右。（古文化街までは大体1時間ほどかかる）

【練習2】

沿着这条路 <u>直走</u>，一直走到 <u>头儿</u>，有个荷花池，看见荷花池 <u>左转</u>，再走 <u>二三十米</u>，你就会看到 <u>洗手间</u>。

（この道に沿ってまっすぐ進み、突き当りまで行くと、蓮の花の池があるので、池に着いたら左折し、さらに2、30メートルほど歩くと、トイレに着きます。）

【練習3】

1 张老师叫什么名字?（張先生のフルネームはなんというか）　A．張紅
2 张老师干什么去了?（張先生は何をしに行ったのか）　B．資料を取りに行った
3 张老师什么时候回来?（張先生はいつ戻るか）　B．分からない
4 张老师现在在哪儿?（張先生は今どこにいるか）　D．716号事務室
5 这个学生打算什么时候去找张老师?（この学生はいつ張先生を探しに行こうとしているのか）　B．今すぐ

第四课 教学安排 | 授業のカリキュラム

【常用句】この課に出てくるキーフレーズを覚えましょう　021

1-1 我能看一下儿我们班的课表吗？　Wǒ néng kàn yíxiàr wǒmen bān de kèbiǎo ma?
私のクラスの時間割を見せていただいてもよろしいでしょうか。

1-2 你等一下儿。　Nǐ děng yíxiàr.
少しお待ちください。

1-3 这个学期课比较多。　Zhège xuéqī kè bǐjiào duō.
今学期は授業がわりと多い。

2-1 听说你有我们班的课表，是吗？　Tīngshuō nǐ yǒu wǒmen bān de kèbiǎo, shì ma?
あなたが私達のクラスの時間割を持っていると聞きましたが、そうなのですか。

2-2 有语法课、阅读课、听力课，还有写作呢。
Yǒu yǔfǎ kè、yuèdú kè、tīnglì kè, háiyǒu xiězuò ne.
文法の授業と、読解の授業、リスニングの授業、それから作文の授業がありますよ。

2-3 星期五下午两点上课。　Xīngqīwǔ xiàwǔ liǎng diǎn shàngkè.
金曜日の午後2時に授業が始まります。

3-1 今年的选修课都有什么呀？　Jīnnián de xuǎnxiūkè dōu yǒu shénme ya?
今年の選択授業には（全部で）どんな授業がありますか。

3-2 什么时候让学生报名啊？　Shénme shíhou ràng xuésheng bào míng a?
学生にはいつ申し込みをさせるのですか。

3-3 每个学生都可以选两门儿。　Měi ge xuésheng dōu kěyǐ xuǎn liǎng ménr.
どの学生も2つの授業を選択できます。

3-4 这些课程都是免费的。　Zhèxiē kèchéng dōu shì miǎnfèi de.
これらの授業はすべて無料です。

实况录音 1 | # 我能看一下儿课表吗
022 | 時間割を見せてもらいに来ました

【练习 1　判断下列句子的正误】　　　　　　　　　　　　　　023
読み上げる文章がスキットと合っていれば○、間違っていたら×を書きましょう。

1 ____　　2 ____　　3 ____　　4 ____　　5 ____

単語

班长 bānzhǎng：学級委員、級長、クラス委員
课表 kèbiǎo：授業の時間割表。および その時間割
学期 xuéqī：学期
比较 bǐjiào：わりと。いささか。比較すると

实况录音2	我们都有什么课啊
024	学級委員に時間割を見せてもらいました

【练习2　选择正确答案】　025
問題を聞き、スキットにあてはまるものを選びましょう。

1　A. 老师　　　　B. 班长　　　　C. 同学　　　　D. 不知道
2　A. 办公室　　　B. 教室　　　　C. 别的同学那儿　D. 图书馆
3　A. 语法　　　　B. 阅读　　　　C. 听力　　　　D. 口语
4　A. 阅读　　　　B. 听力　　　　C. 写作　　　　D. 语法
5　A. 3楼502　　　B. 5楼203　　　C. 3楼302　　　D. 5楼302

単語

听说　tīngshuō：聞くところによると
语法　yǔfǎ：文法

阅读　yuèdú：講読。読解
听力　tīnglì：リスニング
写作　xiězuò：作文

实况录音 3 | 选修课都有什么
026 | 選択科目について、王先生と李先生が話しています

【练习 3　判断下列句子的正误】　　　　　　　　　027
読み上げる文章がスキットと合っていれば○、間違っていたら×を書きましょう。

1 ___　2 ___　3 ___　4 ___　5 ___　6 ___

単語

选修课　xuǎnxiūkè：選択授業
书法　shūfǎ：書道
电影　diànyǐng：映画
舞蹈　wǔdǎo：ダンス、舞踏

报名　bào míng：申し込み
门　mén：科目・授業を数える量詞
免费　miǎnfèi：料金を課さない。無料だ
名单　míngdān：名簿

スキット 1　我能看一下儿课表吗
時間割を見せていただいてよろしいでしょうか

（在办公室）
老师：请进。
学生：你好，老师，我是 E 班的班长。我能看一下儿我们班的课表吗？

老师：好的。等一下儿。
学生：谢谢。
老师：噢，找到了，给你，你拿去吧。

学生：老师，我们周五下午还有课啊？

老师：是啊，这个学期课比较多。

学生：噢，谢谢你老师。

老师：不客气。

（事務室で）
教員：どうぞお入りください。
学生：先生、こんにちは。私は E クラスの学級委員です。E クラスの時間割を見せていただいてもよろしいでしょうか。

教員：いいですよ。ちょっと待ってね。
学生：ありがとうございます。
教員：ああ、見つけた。どうぞ、持って行っていいですよ。

学生：先生、E クラスは金曜の午後にも授業があるのですか。

教員：そうですよ。今学期は授業がわりと多いですね。

学生：そうですね。先生ありがとうございました。

教員：どういたしまして。

スキット 2　我们都有什么课啊
私達のクラスにはどんな授業があるの

（在教室）
同学：班长，听说你有我们的课表，是吗？
班长：是啊，我刚从办公室拿来。
同学：我们都有什么课啊？
班长：有语法课、阅读课、听力课，还有写作呢。
同学：还有写作课（啊）！ 什么时候上啊？
班长：星期五下午两点上课。
同学：在哪儿上啊？
班长：在 5 楼 302。
同学：谢谢。
班长：不客气。

（教室で）
同級生：学級委員さん、クラスの時間割を持ってるって聞いたけど、そうなの？
学級委員：うん。事務室からもらってきたんだ。
同級生：私達のクラスはどんな授業があるの？
学級委員：文法、読解、リスニング、あと作文もあるよ。
同級生：作文の授業まであるのね！ 授業はいつなの？
学級委員：金曜の午後 2 時からだよ。
同級生：どこで授業なの？
学級委員：5 号棟 302 教室だよ。
同級生：ありがとう。
学級委員：どういたしまして。

スキット 3 | **选修课都有什么**
選択授業にはどんな授業がありますか

(在办公室)

王老师：李老师，今年的选修课都有什么啊？

李老师：今年有太极拳、书法、中国电影、舞蹈，跟去年差不多。

王老师：那什么时候让学生报名啊？

李老师：下周一就可以报名，每个学生可以选两门儿。

王老师：这些课程都收费吗？

李老师：不收费，都是免费的。王老师！您再跟你们班的学生说一下儿，报完了您把名单交给我吧。

王老师：好的。

(事務室で)

王先生：李先生、今年の選択授業はどんな授業があるのですか。

李先生：今年は、太極拳、書道、中国映画、ダンスで、去年とほぼ同じです。

王先生：それでは、学生には申し込みをいつさせればいいですか。

李先生：来週の月曜日になれば申し込みできます。学生は誰でも2つ選択できます。

王先生：これらの選択授業は授業料がかかりますか。

李先生：授業料はかかりません。全部無料です。王先生、先生のクラスの学生たちにも再度知らせてくださいね。申し込みが済んだら、名簿を私にください。

王先生：分かりました。

文法解説

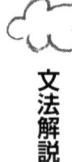

1 我能看一下儿我们班的课表吗?
(私のクラスの時間割を見せていただいてもよろしいでしょうか)
一下儿：よく動詞の後に置かれ、時間が短いことや、動作が簡単なことなど、気軽さを表す。"動詞＋**一下儿**"には否定形がないので、*"我不看一下儿"とは言えない。
(例) 我说一下儿今天下午的活动。
　　　本日午後の行事について、ちょっとお話しします。

2 我们周五下午还有课啊
(私達は金曜日の午後にも授業があるのですか)
啊：話し手がある事柄に疑いを抱いたり、予想外だと感じたりしたときに、相手に確認を求める気持ちを表す。"啊"が文末に用いられる際は、語気を弱める働きを持つ。
(例) 明天我还要在大会上发言啊！
　　　明日、私は大会でスピーチをしなければならないのですか。
　　　(意外に思っている)

3 跟去年差不多 (昨年と大差ありません)
跟：前置詞。"和"や"同"と同様に、比較の対象を導く働きをするが、話し言葉では"跟"がよく用いられる。
(例) 我的情况跟你差不多。
　　　私の状況もあなたとほぼ同じです。

4 下周一就可以报名 (来週月曜日になれば申し込みできます)
下周一：中国語では"上"は"**上学期，上个月，上周三**"など、前半あるいは過ぎ去った一定の期間を指す。"下"は"**下学期，下个月，下周三**"など、後半あるいはまもなく始まる一定の期間を指す。

練習の問題文と解答

【練習1】

1 ○
E 班的班长想看一下儿课表。(E クラスの学級委員は時間割を見たいと思っている)
2 ×
那位女老师没有找到课表。(この女性教員は時間割を探し出せなかった)
3 ×
E 班的班长等了很长时间才看到课表。(E クラスの学級委員は長時間待ってやっと時間割表を見ることができた)
4 ×
那位女老师周五下午还有课。(この女性教員は金曜の午後にも授業がある)
5 ○
E 班的班长这学期的课比较多。(E クラスの学級委員は今学期の授業がわりと多い)

【練習2】

1 谁有这个班的课表？（このクラスの時間割は誰が持っているか）　B．学级委员
2 班长从哪里找到课表的？（学級委員は時間割をどこからもらってきたか）
　A．事务室
3 下面哪一门儿课是这学期没有的？（次のうち、今学期に授業がないのはどの科目か）
　D．会话
4 周五下午有什么课？（金曜の午後にはなんの授業があるか）　C．作文
5 写作课在哪儿上？（作文の授業はどこの教室で行われるか）　D．5 号楼 302 号室

【練習3】

1 ○
今年的选修课中有太极拳这门儿课。(今年の選択授業には太極拳の授業がある)
2 ×
今年的选修课和去年的差别很大。(今年の選択授業は去年に比べると大きく変更された)
3 ○
选修课下周一开始报名。(選択授業は来週月曜日に申し込みが始まる)
4 ○
每个学生可以选两门儿课。(学生は誰でも 2 つの授業を選択できる)
5 ×
今年的选修课有的是免费的。(今年の選択授業は授業によっては無料である)
6 ×
学生报选修课的名单，最后都要交给王老师。(学生の選択授業の申し込み名簿は、最後に王先生に提出しなければならない)

第五课 生活服务 | 身の回りのサービス

【常用句】この課に出てくるキーフレーズを覚えましょう　　028

1-1 帮我修一下自行车吧。　Bāng wǒ xiū yíxià zìxíngchē ba.
私の自転車を修理してくれませんか。

1-2 可能是车胎扎破了吧。　Kěnéng shì chētāi zhā pò le ba.
たぶんタイヤのチューブに穴が開いたのでしょう。
＊车胎 chētāi：タイヤ。(車の) チューブ　扎 zhā：突き刺す

1-3 你给一块五毛钱吧。　Nǐ gěi yí kuài wǔ máo qián ba.
1元5角お出しください。

1-4 我过十分钟来取。　Wǒ guò shí fēnzhōng lái qǔ.
10分後に取りに来ます。

2-1 您想怎么理呢？　Nín xiǎng zěnme lǐ ne?
どのように (髪を) 切りたいのですか。

2-2 您看着办吧。　Nín kànzhe bàn ba.
お考え通りにしてください (＝お任せします)。

2-3 我想把头发剪短点儿，薄点儿。　Wǒ xiǎng bǎ tóufa jiǎn duǎn diǎnr, bó diǎnr.
髪を少し短くして、少し厚みを薄くしたいと思います。

3-1 我想洗几件衣服。　Wǒ xiǎng xǐ jǐ jiàn yīfu.
この何着かの服をクリーニングしたいのです。

3-2 西装得干洗，衬衣能湿洗。　Xīzhuāng děi gānxǐ, chènyī néng shī xǐ.
スーツはドライクリーニングしなければなりませんが、シャツは水洗いできます。

3-3 这是取活儿单，请您收好了。　Zhè shì qǔhuórdān, qǐng nín shōuhǎo le.
これが受取り票です。どうぞお持ちください。

实况录音 1 | # 请帮我修一下自行车
029 | 自転車屋さんに修理を頼みに来ました

【练习1　判断下列句子的正误】　**030**
読み上げる文章がスキットと合っていれば〇、間違っていたら×を書きましょう。

1 ＿＿＿　　2 ＿＿＿　　3 ＿＿＿　　4 ＿＿＿　　5 ＿＿＿

単語

师傅 shīfu：熟練した技術を持つ職人や商売人に対する敬意を込めた呼びかけ。あるいは若い労働者が不特定の誰かに声をかける際の呼びかけ
修 xiū：修理する

破 pò：破れる、穴が開く
轮胎 lúntāi：タイヤ
洞 dòng：穴
补 bǔ：繕う、補修する
取 qǔ：受け取る

实况录音 2 | **您要怎么理呢**
031 | 散髪に来ました

【练习2　选择正确答案】　032
問題を聞き、スキットにあてはまるものを選びましょう。

1　A. 饭馆　　　　B. 书店　　　　C. 理发店　　　D. 超市
2　A. 洗头　　　　B. 剪头发　　　C. 吹吹风　　　D. 定型
3　A. 染一下儿　　B. 烫一下儿　　C. 和原来一样　D. 剪短剪薄
4　A. 很满意　　　B. 不好　　　　C. 不太满意　　D. 他没说
5　A. 用了　　　　B. 用了一点儿　C. 用了很多　　D. 没用
6　A. 17块　　　　B. 11块　　　　C. 10块　　　　D. 7块

単語

理（发）lǐ(fà)：（髪を）切って整える
擦 cā：塗る、付ける
短 duǎn：短い
薄 báo：薄い
吹风 chuīfēng：ドライヤーで乾かす
定型 dìngxíng：セットする、デザインの仕上げをする

实况录音 3 | # 我想洗几件衣服
033 | クリーニング店に来ました

【练习3　选择正确答案】　034
問題を聞き、スキットにあてはまるものを選びましょう。

1　A. 饭馆儿　　B. 洗衣店　　C. 家里　　D. 超市
2　A. 干洗　　　B. 湿洗　　　C. 手洗　　D. 他们洗不了
3　A. 15 块　　 B. 86 块　　　C. 3 块　　 D. 28 块
4　A. 三件　　　B. 不知道　　 C. 两件　　 D. 四件
5　A. 基本洗不掉　B. 可能洗掉一些　C. 洗不掉　D. 完全洗得掉
6　A. 86 块　　　B. 28 块　　　C. 56 块　　D. 30 块
7　A. 一会儿　　 B. 3 天　　　 C. 一个下午　D. 2 天

単語

西装　xīzhuāng：スーツ
干洗　gānxǐ：ドライクリーニングする
衬衣　chènyī：シャツ、ワイシャツ
湿　shī：濡れている。湿っぽい
检查　jiǎnchá：点検する、検査する
褪色　tuìsè：色が褪せる
印儿　yìnr：シミ、黄ばみ
尽量　jǐnliàng：できる限り、できるだけ

生活服务

スキット1　请帮我修一下自行车
自転車の修理をお願いします

(在路边)
小王：师傅，帮我修一下自行车吧。

师傅：好的。哪儿坏了？
小王：这自行车在外面放了两三个小时就没气儿了，您给看一下。

师傅：好，好，来，放这儿，我看一下。

小王：怎么回事儿，师傅？
师傅：噢，轮胎破了，有一个小洞。

小王：噢，那您给……
师傅：我帮您补一下吧！
小王：行，需要多少钱？
师傅：噢，你给一块五吧。
小王：好的，那我什么时候过来取啊？

师傅：噢，很快，十分钟。
小王：那我就在这儿等会儿吧。
师傅：好。

(路上で)
王　：すみません、自転車の修理をしていただけますか。

店主：はい。どこが壊れたのですか。
王　：この自転車を外に2、3時間止めておいたら空気が抜けてしまったんです。ちょっと見てください。

店主：はい、はい。どうぞ、ここに置いて。見てみます。

王　：どうしちゃったんでしょうね。
店主：ああ、タイヤがパンクしていますね。小さな穴があります。

王　：そうですか、それじゃあ……
店主：私が(穴を)ふさいであげますよ。
王　：お願いします。おいくらですか。
店主：ええと、1.5元ください。
王　：分かりました。じゃあ、いつ取りに来ればいいですか。

店主：うーん、早いです。10分ですね。
王　：ではここでちょっと待っています。
店主：はい。

スキット2　您要怎么理呢
どんな髪型になさいますか

(在理发店)
理发师：您好，是理发吗？
小　刘：是的。
理发师：先给您洗一下儿吧。
小　刘：好的。
理发师：请您到这边儿来。
小　刘：好。
理发师：洗好了，您自己擦擦。

小　刘：嗯。
理发师：您要怎么理呢？
小　刘：您看着办吧，我也就是想把头发修短一些，薄点儿就可以了。

理发师：好的。知道了。

(理髪店で)
理容師：いらっしゃい。散髪ですか。
劉さん：そうです。
理容師：まずシャンプーしましょうか。
劉さん：いいですね。
理容師：こちらへどうぞ。
劉さん：はい。
理容師：洗い終わりましたよ。ご自分でお拭きください。

劉さん：はい。
理容師：どんな髪型になさいますか。
劉さん：お任せします。少し短く、厚みが薄くなるように整えてくれれば、それでいいです。

理容師：はい、分かりました。

（过了一会儿）
理发师：您看一下儿，可以吗？
小　刘：挺好的，就这样吧！您再帮我吹吹风吧。
理发师：好的。需要擦一些定型的东西吗？
小　刘：不用了，多少钱？
理发师：十块。
小　刘：给您。
理发师：谢谢，请慢走。
小　刘：再见。

（しばらくして）
理容師：ご覧ください。よろしいですか。
劉さん：とてもいいですね。これでいいです。それから、ちょっとドライヤーをあててください。
理容師：かしこまりました。なにかスタイリング剤を付けますか？
劉さん：けっこうです。おいくらですか？
理容師：10元です。
劉さん：どうぞ。
理容師：ありがとうございます。お気をつけて。
劉さん：さようなら。

スキット3　我想洗几件衣服
服を何枚かクリーニングしたいのですが

（在洗衣店）
店员：您好，请进。
顾客：您好。我想洗几件衣服。
店员：洗几件儿衣服？
顾客：嗯，两套西装，两件衬衣。
店员：西装是干洗，28块钱一套；衬衣是湿洗，15块钱一件儿。
顾客：哦。
店员：您把衣服拿出来我检查一下儿。
顾客：哦。
店员：嗯，这上衣有些褪色。嗯……衬衣有些黄印儿，这黄印儿尽量给您洗。
顾客：哦，好的。
店员：给您开票了啊。
顾客：哦。一共多少钱？
店员：一共是86块钱。给您，这是取活儿单，您收好了。
顾客：什么时候来取？
店员：3天以后。

（クリーニング店で）
店員：いらっしゃい。どうぞ。
客　：こんにちは。服を何枚かクリーニングしたいんですが。
店員：何枚ですか。
客　：ええと、スーツを2着とシャツを2枚です。
店員：スーツはドライクリーニングで、1着28元です。シャツは水洗いで、1枚15元です。
客　：はい。
店員：服を出してください。点検します。
客　：はい。
店員：ええと、この上着は少し退色していますね。ええと、シャツにはすこし黄ばみがありますね。黄ばみはできる範囲で落としておきます。
客　：はい、分かりました。
店員：伝票をお作りしますね。
客　：はい。全部でおいくらですか。
店員：全部で86元です。どうぞ、これが受取り票です。お持ちください。
客　：いつ取りに来ましょうか。
店員：3日後です。

顾客：哦，好的，谢谢。	客　：はい、分かりました。ありがとうございます（＝お願いします）。
店员：不客气，慢走您。	店員：どういたしまして。お気をつけてお帰りください。
顾客：嗯。	

文法解説

1 这自行车在外面放了两三个小时就没气儿了（この自転車を外に 2、3 時間止めておいたら空気が抜けてしまいました）

两三个：中国語では、隣り合った 2 つの数を並べることで概数を表すことがよくある。普通は "三四天" "七八岁" "五六百斤" のように小さい数を先に置き、大きい数を後に置く。"三两天" "三五个" のように特殊な用法もある。

2 您(你)看着办吧（お考え通りにしてください＝お任せします）

您看着办：「あなたの言う通りにします」、あるいは、「私の権利をあなたに譲りますから状況に合わせて行なってください」という意味。少し不満に思っている気持ちを表すこともある。

（例）秘书：这次去上海出差是坐飞机，还是坐火车？
　　　老板：都行，你看着办吧！
　　　秘書：今回の上海出張は飛行機で行きますか、それとも列車で行きますか。
　　　社長：どちらでも構わないよ。君が決めてくれ。

3 这是取活儿单，请您收好了
（これが受取り票です。どうぞお持ちください）

好：動詞の後に置いて、その行為が完成したこと、あるいはよい状態に到達したことを表す。

（例）大家请坐好，马上就要开车了。
　　　皆さん、席にお着きください。まもなく発車します。

文化解説

1 你给一块五毛钱吧（1 元 5 角お出しください）

人民元の単位は "元" "角" "分" だが、話し言葉では "块" "毛" "分" をよく使う。それぞれ最後の一桁になった場合は省略できる。

（例）这件毛衣 168。
　　　このセーターは 168 元です。

2 请慢走（ゆっくりお帰りください＝どうぞお気をつけて）

客人を見送る時に常用される挨拶言葉。「どうぞ安全に注意してください」という意味であり、「ゆっくり歩いてください」と伝えようとしているのではない。"**请走好**"などと言われることもある。

（例）我就不远送了，请慢走。
　　　遠くまではお見送りしませんが、どうぞお気をつけて。

練習の問題文と解答

【練習1】
1 ×
师傅的自行车坏了，需要修理。(店主の自転車は壊れたので修理が必要だ)
2 〇
这个人的自行车车胎破了。(この人物の自転車のタイヤはパンクした)
3 〇
自行车车胎上有个洞。(自転車のタイヤに穴がある)
4 ×
修这辆自行车用不了一块钱。(この自転車の修理には1元もかからなかった)
5 ×
这辆自行车需要十几分钟才能修好。(この自転車を修理するには十数分かかる)

【練習2】
1 他们两个人在哪里谈话？(この2人はどこで会話をしているか)　C．理容室
2 理发之前要先干什么？(散髪する前にまず何をするか)　A．シャンプー
3 这位顾客想把头发剪成什么样子？(この客は髪を切ってどのような髪型にしたいか)　D．短く薄くする
4 这位顾客觉得剪得怎么样？(この客は散髪の仕上がりをどう思ったか)
　A．満足した
5 这位顾客擦定型的东西了吗？(この客はスタイリング剤を付けたか)
　D．使わなかった
6 这位顾客理发花了多少钱？(この客はいくら支払ったか)　C．10元

【練習3】
1 录音中的两个人在哪里谈话？(登場する2人はどこで会話をしているか)
　B．クリーニング店
2 西装用什么方法来洗？(スーツはどの方法でクリーニングするか)
　A．ドライクリーニング
3 洗一套西装要多少钱？(スーツ1着をクリーニングするのにいくらかかるか)
　D．28元
4 顾客要洗几件衬衣？(この客は何枚のシャツをクリーニングするつもりか)　C．2枚
5 衬衣上的黄印儿一定能洗掉吗？(シャツの黄ばみはクリーニングで必ず落とせるか)
　B．少し落とせるだろう
6 顾客一共花了多少钱？(この客は全部でいくら使ったか)　A．86元
7 洗这几件衣服需要多长时间？(これらの衣服をクリーニングするのにどれだけ時間がかかるか)　B．3日

第六课 求医（一） | 医疗サービス (1)

【常用句】この課に出てくるキーフレーズを覚えましょう　　035

1-1 我挂个内科号。　Wǒ guà ge nèikē hào.
内科の受付をします（＝内科の診察を受けたいです）。

1-2 挂普通号还是专家号？　Guà pǔtōng hào háishi zhuānjiā hào?
普通診療を申し込みますか、専家診療を申し込みますか。

1-3 请核对一下儿个人信息。　Qǐng héduì yíxiàr gèrén xìnxī.
個人データを確認してください。

2-1 你怎么不舒服？　Nǐ zěnme bù shūfu?
どのように具合が悪いのですか（＝どうしましたか）。

2-2 我有点儿发烧，嗓子疼，鼻子不通气儿。
Wǒ yǒudiǎnr fāshāo, sǎngzi téng, bízi bù tōng qìr.
少し熱があり、喉が痛く、鼻が詰まっています。

2-3 您先试试表吧，过5分钟给我看看。
Nín xiān shìshi biǎo ba, guò wǔ fēnzhōng gěi wǒ kànkan.
まず体温を測ってみて、5分たったら見せてください。

2-4 今天先打一针，再开点儿药。　Jīntiān xiān dǎ yì zhēn, zài kāi diǎnr yào.
今日はまず注射をして、そのほかに処方箋も書きます（＝薬を出します）。

2-5 这药每天吃3次，每次3片儿。　Zhè yào měi tiān chī sān cì, měi cì sān piànr.
この薬は1日3回、1回3錠飲みます。

3-1 您的感冒有什么症状？　Nín de gǎnmào yǒu shénme zhèngzhuàng?
あなたの風邪はどんな症状がありますか。

3-2 你两种药配着吃。　Nǐ liǎng zhǒng yào pèizhe chī.
2種類の薬を混ぜて飲んでください。

实况录音 1 | # 我挂个内科号
036 病院の受付にやってきました

【练习1 判断下列句子的正误】　　　　　　　　037
読み上げる文章がスキットと合っていれば○、間違っていたら×を書きましょう。

1 _____　　2 _____　　3 _____　　4 _____　　5 _____
6 _____　　7 _____

単語

挂号 guàhào：（病院の）受付に申し込む
普通 pǔtōng：一般的である。ありふれている
专家 zhuānjiā：専門家、熟達者
病历本 bìnglìběn：病歴を記録するノート。※カルテに相当し、患者が持ち帰る
显示屏 xiǎnshìpíng：ディスプレイ、モニター
核对 héduì：照合する
信息 xìnxī：データ、情報

实况录音2 | 你怎么不舒服
038 　診察室に入りました

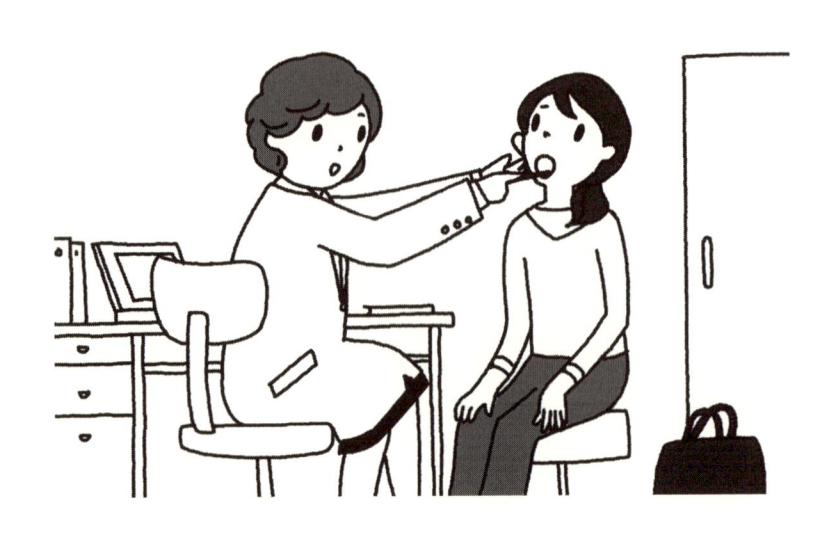

【练习2　填空】
スキットを聞いて、空欄を埋めましょう。

录音中的病人身体不舒服，＿＿＿＿＿，＿＿＿＿＿，＿＿＿＿＿，＿＿＿＿＿，＿＿＿＿＿。医生给他试了试表，体温是＿＿＿＿＿。医生检查后发现病人的嗓子＿＿＿＿＿。医生要给他打针，还给他开了点儿药。这种药每天吃＿＿＿＿＿，每次吃＿＿＿＿＿。

単語

舒服　shūfu：気分がよい
发烧　fāshāo：熱を出す
疼　téng：痛い
咳嗽　késou：咳が出る
度　dù：温度の単位。度
张嘴　zhāng zuǐ：口を開ける
打针　dǎ zhēn：注射する
开药　kāi yào：処方箋を書く
片　piàn：薄く平たいものを数える量詞。錠

实况录音 3 | 我想选一点儿感冒药
039 | 薬局に来ました

【练习3　选择正确答案】　040
問題を聞き、スキットにあてはまるものを選びましょう。

1　A. 感冒药　　　B. 桑菊感冒片　　C. 柴黄　　　D. 创可贴
2　A. 嗓子疼　　　B. 流黄鼻涕　　　C. 咳嗽　　　D. 流清鼻涕
3　A. 桑菊感冒片　B. 柴黄　　　　　C. 创可贴　　D. 退烧药
4　A. 可以治疗咳嗽　　　　　　　　B. 可以治疗头疼
　　C. 可以退烧　　　　　　　　　　D. 可以治疗嗓子疼
5　A. 没买　　　　B. 一盒　　　　　C. 三盒　　　D. 两盒
6　A. 桑菊感冒片　B. 感冒药　　　　C. 柴黄　　　D. 创可贴

単語

症状 zhèngzhuàng：症状
鼻涕 bítì：鼻水
风热性感冒 fēngrèxìng gǎnmào：発熱などを伴う風邪。※中国医学の分類による命名
桑菊感冒片 sāngjú gǎnmàopiàn：風邪薬の名

薬の名
一般 yìbān：一般的だ、ふつうだ
柴黄 cháihuáng：中国薬の名前
退烧 tuìshāo：熱が下がる
配 pèi：混ぜる、配合する
盒 hé：箱や容器を数える量詞
创可贴 chuāngkětiē：絆創膏

スキット1　我挂个内科号
内科にかかりたいのです

（在医院大厅）
患　者：我挂个内科号。
挂号员：普通号还是专家号？

患　者：普通号。
挂号员：4块。有病历本儿吗？

患　者：没有，买一个吧。
挂号员：一共5块。姓名？
患　者：王庭。
挂号员：哪个 tíng？
患　者：家庭的"庭"。
挂号员：年龄？
患　者：25。
挂号员：请您看一下儿显示屏，核对一下儿个人信息。

患　者：对，没错儿！

（病院の受付ロビーで）
患　者：内科にかかりたいのですが。
受付係：普通診療にしますか、専家診療にしますか。

患　者：普通診療にします。
受付係：4元です。病歴ノートはお持ちですか。

患　者：いいえ。買います。
受付係：合計5元です。お名前は？
患　者：王庭です。
受付係：tíng はどういう字を書きますか。
患　者：家庭の庭です。
受付係：年齢は？
患　者：25歳です。
受付係：画面をご覧ください。個人データに間違いがないかご確認ください。

患　者：合っています。その通りです。

スキット2　你怎么不舒服
どうしましたか

（在诊室）
医生：请坐。你怎么不舒服？

患者：嗯，我有点儿发烧，嗓子疼，鼻子不通气儿。
医生：咳嗽吗？头疼吗？
患者：咳嗽，头疼。
医生：您先试试表吧，过5分钟给我看看。——到时间了，我看看多少度，38度9。张嘴，啊——

患者：啊——
医生：哦，嗓子挺红的，我今天先给你打一针。我再给你开点儿药。这药每天吃3次，每次3片儿，先吃一个星期。

（診察室で）
医師：お掛けください。どのように具合が悪いのですか。

患者：ええと、すこし熱があり、喉が痛くて、鼻が詰まっています。
医師：咳は出ますか。頭痛はありますか。
患者：咳が出て、頭痛があります。
医師：まず熱を測ってみてください。5分したら見せてください。時間です。熱が何度あるか見ましょう。38度9分ですね。口を開けて「あー」（と声を出してください）。

患者：あー。
医師：ああ、喉がとても赤いですね。今日は注射をしましょう。それから、処方箋を書き（＝薬を出し）ます。薬は1日3回、1回3錠、まずは1週間飲んでください。

患者：谢谢。
患者：ありがとうございました。

スキット 3　我想选一点儿感冒药
風邪薬を買いたいのですが

（在药店）
顾客：哦，您好，我想选一点儿感冒药。

店员：您感冒什么症状？
顾客：哦，我现在有一些头痛，哦……流鼻涕。
店员：头痛、流鼻涕。
顾客：嗯。
店员：那就……流清鼻涕黄鼻涕？

顾客：清鼻涕。
店员：清鼻涕，那你就是风热性感冒。风热性感冒你就拿这个——桑菊感冒片，因为它是一般夏季就吃桑菊感冒片。

顾客：好的。
店员：您还有别的症状吗？
顾客：哦，我还有一点儿发烧。
店员：有点儿发烧，那你就拿柴黄，因为柴黄它是有一个退烧作用。你俩药一块儿吃，配着吃。

顾客：噢，那好吧，那请各给我拿一盒儿。

店员：哦，行。您还要点儿别的吗？

顾客：哦……请问创可贴在这儿能买吗？

店员：能，在那边儿。您走好。

顾客：非常感谢。

（薬局で）
客　：あの、こんにちは。風邪薬を買いたいのですが。
店員：お風邪はどんな症状ですか。
客　：ええと、少し頭痛がして、ええと、鼻水が出ます。
店員：頭痛と鼻水ですね。
客　：はい。
店員：それでは、鼻水は透明ですか、黄色ですか。
客　：透明です。
店員：透明な鼻水ですか。それなら風熱性の風邪です。風熱性の風邪なら、この桑菊感冒片をお求めください。（風熱性の風邪なら）夏には桑菊感冒片を飲むものですから。
客　：分かりました。
店員：ほかに症状はありますか。
客　：ああ、少し熱があります。
店員：少し熱がある、それなら柴黄をお求めください。柴黄は解熱作用がありますから。2種類の薬を一緒に、混ぜて飲んでください。
客　：そうですか。じゃあそれで結構です。それぞれ1箱ずつ買います。
店員：はい、どうぞ。ほかに必要な物はありますか。
客　：ええと、絆創膏はここで買えますか。
店員：買えます。あそこにあります。どうぞお気をつけて。
客　：どうもありがとうございました。

文法解説

1　我挂个内科号
（内科の受付をします＝内科の診察を受けたいです）
挂号：離合詞であり"**挂**"と"**号**"の間にほかの語を挿入することができる。"**挂个号**"（申し込みをする）、"**挂个专家号**"（専家診療を申し込む）、"**挂外科号**"（外科の受付をする）。

2　没错儿（その通りです）
没错儿：「正しい」という意味で、肯定の返答を表す。用法は"**没问题**"と同じである。
（例）没错儿，这是他设计的。
　　　その通りです。これは彼が設計したものです。

3　你怎么不舒服?（どのように具合が悪いのですか＝どうしましたか）
怎么：疑問詞。性質・方式・原因などを尋ねる。
（例）你昨天是怎么来的?
　　　昨日はどうやって来たのですか。
不舒服："**生病**"（病気になる）の婉曲な言い方。"**你得的是什么病**"（なんの病気にかかったのか）とは尋ねず、"**你哪儿不舒服**"（どこがお悪いのですか）、"**你怎么不舒服**"（どのように具合が悪いのですか）、"**你怎么了**"（どうしたのですか）などと尋ねる。
（例）我浑身上下都不舒服，可能是感冒了。
　　　頭から爪先まで全身の具合が悪い。たぶん風邪だ。

4　流清鼻涕黄鼻涕?
（透明な鼻水が出ますか、黄色の鼻水がでますか）
"**是……还是……**"という選択疑問文を省略した形。元の文は"**是流清鼻涕还是流黄鼻涕?**"。
（例）A：你去南方北方?　　B：南方。
　　　A：南方に行きますか、北方に行きますか。　B：南方です。

5　你俩药一块儿吃，配着吃
（2種類の薬を一緒に飲んでください。混ぜて飲んでください）
俩（liǎ）："**两个**"と同じ。話し言葉でよく用いられる。後ろに"**个**"やその他の量詞を加えることができない。"**咱俩**"（私たち2人）、"**哥儿俩**"（兄貴分の男性2人）、"**姊妹俩**"（姉妹2人）。同じような語として"**仨**（sā）"があり、これは"**三个**"と同じである。

文化解説

1 哪个 tíng？——家庭的"庭"。
（どの tíng ですか＝ tíng はどういう字ですか——家庭の「庭」です）
中国語には同音の漢字が多いので、解説が必要なことがよくある。
（例）他住在宏美路，宏大的宏，美丽的美。
彼は宏美路に住んでいます。（宏美は）"宏大"の「宏」、"美丽"の「美」です。

2 您走好（お気をつけてお帰りください）
客人を見送る時に常用されるあいさつ言葉。第5課の"请慢走"と同じ。

練習の問題文と解答

【練習1】

1 ○
这段谈话可能发生在医院里。（この会話はおそらく病院で交わされている）

2 ×
这两个人可能是病人和医生。（この2人はおそらく患者と医師だ）

3 ×
挂专家号需要4块钱。（専家診療には4元かかる）

4 ○
病人没有病历本。（患者は病歴ノートを持っていない）

5 ×
买一个病历本需要1块5。（病歴ノートを買うには1.5元かかる）

6 ×
医生叫王庭。（医師の氏名は王庭だ）

7 ○
病人今年25岁了。（患者は今年25歳だ）

【練習2】

录音中的病人身体不舒服， 有点儿发烧 ， 嗓子疼，鼻子不通气儿，咳嗽，头疼 。医生给她试了试表，体温是 38度9 。医生检查后发现病人的嗓子 挺红 。医生要给她打针，还给她开了点儿药。这种药每天吃 3次 ，每次吃 3片儿 。
（スキットに登場する患者は体の具合が悪く、少し熱があり、喉が痛く、鼻が詰まり、咳が出て、頭痛がする。医師が彼女の熱を測ると、熱は38度9分だった。医師が検査すると患者の喉はとても赤かった。医師は彼女に注射をすることにし、さらに薬を処方することにした。その薬は毎日3回、1回3錠飲むものだ。）

【練習3】

1 录音中的人想买什么药？（登場人物は何の薬を買いたいのか） A．風邪薬

2 风热性感冒有什么症状？（風熱性の風邪はどんな症状が出るか） D．透明な鼻水

3 风热性感冒一般吃什么？（風熱性の風邪には一般的には何を飲むか）
A．桑菊感冒片

4 她为什么还要买柴黄？（彼女はなぜほかに柴黄も買うのか）
C．熱を下げることができるから

5 她买了几盒药？（彼女は何箱の薬を買ったか） D．2箱

6 除了感冒药，她还买了什么？（風邪薬のほかに、彼女は何を買ったか） D．絆創膏

第七课 购物（一） | ショッピング (1)

【常用句】この課に出てくるキーフレーズを覚えましょう　041

1-1　芹菜多钱一斤？　Qíncài duō qián yì jīn?
セロリは1斤あたりいくらですか。

1-2　您把这些给我称称。　Nín bǎ zhèxiē gěi wǒ chēngcheng.
これらのものを量ってみてください。

1-3　一共是八块九，您这是十块，找您一块一。
Yígòng shì bā kuài jiǔ, nín zhè shì shí kuài, zhǎo nín yí kuài yī.
全部で8.9元です。10元お預かりします。1.1元お釣りをお返しします。

2-1　听说这儿的DVD很便宜。　Tīngshuō zhèr de DVD hěn piányi.
ここのDVDは安いと聞きました。

2-2　我要去二楼买酸奶和洗发水儿。　Wǒ yào qù èr lóu mǎi suānnǎi hé xǐfàshuǐr.
私はヨーグルトとシャンプーを買いに2階に行きます。

2-3　我在这儿等你。　Wǒ zài zhèr děng nǐ.
私はここであなたを待ちます。

3-1　我想看一下这种鞋有没有37号儿的。
Wǒ xiǎng kàn yíxià zhè zhǒng xié yǒu méiyǒu sānshiqī hàor de.
このタイプの靴に37号のものがあるか見てみたいと思います。

3-2　您可以试一下。　Nín kěyǐ shì yíxià.
お試しになってもいいですよ（＝どうぞお試しください）。

3-3　这款还有其他颜色的。　Zhè kuǎn háiyǒu qítā yánsè de.
このタイプにはほかにも違う色のがあります。

3-4　可以打九折。　Kěyǐ dǎ jiǔ zhé.
（値段を）9掛けにしてもよいです（＝1割引にできます）。

实况录音 1 | 芹菜多钱一斤
042 | 市場の八百屋に来ました

【练习 1　填空】
スキットを聞いて、空欄を埋めましょう。

芹菜一斤＿＿＿＿，土豆一斤＿＿＿＿，西红柿一斤＿＿＿＿。他买芹菜花了＿＿＿＿，买土豆花了＿＿＿＿，西红柿花了＿＿＿＿。他一共花了＿＿＿＿。

単語

芹菜 qíncài：セロリ
土豆 tǔdòu：じゃがいも
西红柿 xīhóngshì：トマト

兜儿 dōur：袋。ポケット
称 chēng：重さを量る
秤 chèng：天秤ばかり

实况录音 2 | 酸奶和洗发水儿都在二楼
043 | 兄妹でスーパーに買い物に来ました

【练习 2　判断下列句子的正误】　　　　　　　　　　044
読み上げる文章がスキットと合っていれば○、間違っていたら×を書きましょう。

1 ____　　2 ____　　3 ____　　4 ____　　5 ____

単語

便宜 piányi：安い
挑 tiāo：(購入するために) 選ぶ

酸奶 suānnǎi：ヨーグルト
洗发水 xǐfàshuǐ：シャンプー

实况录音 3	**这款有其他颜色的**
045	靴屋にジョギングシューズを見に来ました

【练习 3　选择正确答案】　046
問題を聞き、スキットにあてはまるものを選びましょう。

1　A. 鞋　　　　　B. 衣服　　　　C. 书包　　　　D. 裤子
2　A. 36 号　　　 B. 38 号　　　 C. 25 号　　　 D. 37 号
3　A. 一种　　　 B. 两种　　　 C. 三种　　　 D. 四种
4　A. 不知道　　 B. 690　　　　C. 600　　　　D. 621
5　A. 没有　　　 B. 可能买了　　C. 不知道　　　D. 买了

単語

款 kuǎn：種類や型式を数える量詞
色调 sèdiào：色味、色合い
价钱 jiàqián：価格

购物（一）

スキット 1 　芹菜多钱一斤
セロリは 1 斤いくらですか

(在农贸市场)
买菜者：阿姨，芹菜多钱一斤？
卖菜者：芹菜一块二一斤。
买菜者：土豆呢？
卖菜者：一块。
买菜者：这西红柿多钱一斤？
卖菜者：一块五一斤。
买菜者：哦，给我来两个兜儿。
卖菜者：给你。
买菜者：您把这些给我称称吧。
卖菜者：哎，放秤上吧。这芹菜是两块八的，啊，土豆是两块六的，西红柿三块五的。
买菜者：一共多少钱？
卖菜者：一共是八块九的。
买菜者：给您这十块。
卖菜者：哎，找您一块一。
买菜者：哦。
卖菜者：数好了啊。
买菜者：哦。

(青空市場で)
買い手：おばさん、セロリは 1 斤いくら？
売り手：セロリは 1 斤 1.2 元よ。
買い手：じゃがいもは？
売り手：1 元よ。
買い手：このトマトは 1 斤いくら？
売り手：1 斤 1.5 元よ。
買い手：そうですか。袋を 2 つください。
売り手：どうぞ。
買い手：これ計ってください。
売り手：はい。はかりに載せて。このセロリは 2.8 元ですよ。じゃがいもは 2.6 元、トマトは 3.5 元。
買い手：全部でいくら？
売り手：全部で 8.9 元よ。
買い手：10 元渡しますよ。
売り手：はい。1.1 元のお釣りです。
買い手：はい。
売り手：よく確かめてね。
買い手：はい。

スキット 2 　酸奶和洗发水儿都在二楼
ヨーグルトとシャンプーはどちらも 2 階にあるよ

(在超市)
妹妹：哥，你干吗呢？
哥哥：我看看DVD，听说这儿的DVD很便宜。
妹妹：噢，那你可能还要再挑一会儿吧？我要去看看酸奶和洗发水儿。
哥哥：好的，我可能需要大概半个小时。酸奶和洗发水都在二楼。
妹妹：噢，那我先到二楼看看，挑完之后再上来找你吧！
哥哥：好的，我在这儿等你。
妹妹：一会儿见！
哥哥：好。

(スーパーで)
妹：お兄ちゃんは何をするの？
兄：僕はDVDを見てみる。ここのDVDは安いって聞いたんだ。
妹：そうなの。じゃあ選ぶのに多分もうしばらくかかるわね。私はヨーグルトとシャンプーを見に行きたいの。
兄：わかった。僕はだいたい 30 分くらいかかると思うよ。ヨーグルトとシャンプーはどちらも 2 階にあるよ。
妹：そう。なら私は 2 階に見に行くわ。(買い物が) 終わったらお兄ちゃんを探しに上がってくるわ。
兄：わかった。ここで待ってるよ。
妹：また後でね。
兄：うん。

スキット 3 | 这款有其他颜色的
この商品には色違いのがあります

(在专卖店)
售货员：您好，欢迎光临。
顾　客：您好。先生，我想看一下这鞋有没有37号儿的。

售货员：嗯，这款有，您可以试一下吧。

顾　客：啊，好的。
售货员：好的，我给您拿去啊。
顾　客：嗯。
售货员：嗯，那个，这是慢跑鞋。

顾　客：哦。这还有其他颜色的吗？

售货员：嗯……这款有其他颜色的。有这种那个粉色调儿的啊，还有绿色调儿的。
顾　客：嗯。这个价钱是多少？

售货员：哎，这是690元。可以打九折。

顾　客：好的，谢谢您，我再看看。

售货员：哎，好的，没关系。

(服飾店で)
店員：こんにちは。いらっしゃいませ。
客　：こんにちは。店員さん、この靴に37号のがあるかどうか見てみたいんです。

店員：ああ、このタイプならありますよ。試し履きしてみますか。

客　：ええ、はい。
店員：わかりました。取ってきます。
客　：はい。
店員：はい。ええと、これはジョギングシューズです。

客　：そうですね。これはほかの色のもありますか。

店員：ええと、これには色違いもあります。ピンクが合わせてあるものと、緑が合わせてあるものがあります。
客　：そうですか。これの値段はいくらですか。

店員：ええ、これは690元です。10％オフにできます。

客　：わかりました。ありがとうございました。もう少し見てみます。

店員：はい、分かりました。結構ですよ。

文法解説

1 芹菜一块二一斤（セロリは1斤1.2元です）
"两 (liǎng)"と"二 (èr)"はいずれも2を表す。"两"は量詞の前（あるいは量詞を必要としない名詞の前）に置かれる。"**两块、两斤、两天、两人**"。分数や少数、基数のそれぞれの位の数字には"**二**"が用いられる。
（例）这芹菜是两块八的，土豆是两块六的。
　　　このセロリは2.8元です。ジャガイモは2.6元です。

2 数好了啊（よく確かめてくださいね）
啊：命令文の末尾に置いて、語気を和らげ、言い聞かせる語調や注意喚起のニュアンスに変える。イントネーションは下降ぎみか、低め。
（例）小心点儿啊，别开太快了！
　　　気をつけてね。スピードを出しすぎてはだめだよ。

3 你干吗呢？（あなたは何をしているの）
呢：動作がまさに進行していることを表す。語気助詞ではない。発音する際のイントネーションは疑問詞"吗"を強く読む。"吗"は"**什么**"の意味で、天津方言でよく用いられる。
（例）小张，你刚才写吗呢？
　　　張さん、さっき何を書いていたの？

4 一会儿见（あとでまた会いましょう）
別れを告げる時、"時間を表す語+见"の構造で次回会うのがいつかを表すことができる。具体的な日時を表すこともできる。"**明天见**"、"**下周日见**"。また、あまり明確でない時点を表すこともできる。"**以后见**"、"**一会儿见**"。

5 可以打九折（(値段を)9掛けにできます＝1割引にできます）
打九折："打折"（値引きする）は離合詞。1から9までの数を挿入し、値引き後の売値が定価の何割になるかを示す。
（例）这些书都打七折。
　　　これらの本はすべて7掛けです。

文化解説

1 芹菜多钱一斤？（セロリは1斤あたりいくらですか）
"**多钱**"は"**多少钱**"のこと。天津などの話し言葉では、使用頻度が高い3文字の語は真ん中の1字が弱化あるいは脱落してしまうことがよくある。天津一帯ではこうした現象は"**吃字**"（字を食う）と呼

ばれている。"西（红）柿"（トマト）、"派（出）所"（派出所）、"劝（业）场"（百貨店）、"大（木）盆"（木製の大型たらい）など。話し言葉で値段を尋ねるときは、よく"芹菜多钱一斤?"のように言う。"芹菜一斤多少钱?"という言い方もある。2つの言い方に意味上の差はない。日常生活でよく食べるもの、よく使うものなどの場合は、さらに量詞が省略されることもある。

(例) 苹果多（少）钱一斤?（一斤苹果多少钱?）
　　りんごは1斤いくら?

2　给我来两个兜儿（袋を2つください）

兜儿：ここではビニール袋（レジ袋）を指す。2008年6月1日より、環境保護を目的とし、中国の百貨店・スーパーなどでは無料のレジ袋の提供が中止された。

3　您好，欢迎光临（こんにちは、いらっしゃいませ）

ホテル・百貨店などで働く人の常用フレーズ。ほかに"**感谢各位光临本酒店**"（お客様各位が本ホテルにお越し下さり感謝します＝ご利用ありがとうございます）、"**欢迎下次光临**"（次回のお越しを歓迎いたします＝またお越しくださいませ）などがある。

練習の問題文と解答

【練習1】

芹菜一斤 <u>一块二</u>，土豆一斤 <u>一块</u>，西红柿一斤 <u>一块五</u>。她买芹菜花了 <u>两块八</u>，买土豆花了 <u>两块六</u>，西红柿花了 <u>三块五</u>。她一共花了 <u>八块九</u>。セロリは1斤あたり <u>1.2元</u>、じゃがいもは1斤あたり1元、トマトは1斤あたり <u>1.5元</u>だった。買い手はセロリに <u>2.8元</u>使い、じゃがいもに <u>2.6元</u>使い、トマトに <u>3.5元</u>使った。買い手は全部で <u>8.9元</u>使った。

【練習2】

1 ○
哥哥想看看DVD。(兄はDVDを見てみたいと思っている)
2 ×
妹妹也想买DVD。(妹もDVDを買おうと思っている)
3 ×
二楼卖DVD。(2階でDVDを売っている)
4 ○
酸奶和洗发水儿在二楼卖。(ヨーグルトとシャンプーは2階で売っている)
5 ×
他们的谈话在二楼。(彼らは2階で会話している)

【練習3】

1 这位女士想买什么?（この女性は何を買おうとしているか）　A．靴
2 这位女士穿多大号儿的鞋?（この女性は何号の靴を履くか）　D．37号
3 这种慢跑鞋至少有几种颜色?（このジョギングシューズには少なくとも何種類の色タイプがあるか）　C．3種類
4 这种鞋打折后多少钱?（この靴は割引するといくらになるか）　D．621元
5 录音中的人最后买这双鞋了吗?（スキットの登場人物はこの靴を買ったか）
　A．買わなかった

第八课　求助　助けを求める

【常用句】この課に出てくるキーフレーズを覚えましょう　047

1-1 8890 热线为您服务。　Bābājiǔlíng rèxiàn wèi nín fúwù.
8890 ホットラインがお客様のお役にたちます。＊热线 rèxiàn：ホットライン

1-2 我有件事儿想咨询一下。　Wǒ yǒu jiàn shìr xiǎng zīxún yíxià.
ちょっとお尋ねしたいことがあります。

1-3 需要带什么证件吗？　Xūyào dài shénme zhèngjiàn ma?
なにか証明書を持参する必要がありますか。

2-1 请问您这儿捡到书包了吗？　Qǐngwèn nín zhèr jiǎndào shūbāo le ma?
お尋ねしますが、ここでカバンを拾い（忘れ物のカバンが届き）ましたか？

2-2 你的书包有什么特征？　Nǐ de shūbāo yǒu shénme tèzhēng?
あなたのカバンにはどんな特徴がありますか。

2-3 你拿好书包，下次一定要小心啊！　Nǐ náhǎo shūbāo, xià cì yídìng yào xiǎoxīn a!
カバンをお持ちください。次からは気を付けてくださいね。

3-1 我想咨询一下怎么办理签证延期。
Wǒ xiǎng zīxún yíxià zěnme bànlǐ qiānzhèng yánqī.
ビザの延長手続きはどうすればいいのかお尋ねしたいです。

3-2 你办理一个 F 签证就可以了。　Nǐ bànlǐ yí ge F qiānzhèng jiù kěyǐ le.
あなたは F ビザの申請手続きをすればいいですよ。

3-3 需要什么材料呢？　Xūyào shénme cáiliào ne?
どんな書類が必要ですか？

3-4 还需要派出所给你的备查卡。　Hái xūyào pàichūsuǒ gěi nǐ de bèichákǎ.
他に、派出所が出してくれる"备查卡"（居所証明カード）が必要です。

实况录音 1 | 8890 为您服务
048　問い合わせサービス「8890」に電話をかけました

【练习1　判断下列句子的正误】　**049**
読み上げる文章がスキットと合っていれば〇、間違っていたら×を書きましょう。

1 ___　2 ___　3 ___　4 ___　5 ___　6 ___

単語

咨询　zīxún：情報提供をする、案内をする
应该　yīnggāi：きっと〜のはずだ。〜すべきだ
确定　quèdìng：確かだ。確実だ
曾　céng：かつて
专门　zhuānmén：専門に。わざわざ
铁路　tiělù：鉄道

部门　bùmén：部署。係
了解　liǎojiě：知る。理解する
支持　zhīchí：支える。歓迎する
做法　zuòfǎ：やり方、方式
如果　rúguǒ：もし
特殊　tèshū：特殊だ。特別だ
情况　qíngkuàng：状況
证件　zhèngjiàn：証明書
手续　shǒuxù：手続き

实况录音 2	请问您这儿捡到书包了吗
050	図書館にカバンを忘れたようです

【练习 2　选择正确答案】 051

問題を聞き、スキットにあてはまるものを選びましょう。

1　A. 笔记本　　　B. 书包　　　　C.《大学英语》　D.《高等数学》
2　A.《大学英语》　B.《高等数学》　C. 笔记本电脑　　D. 两个笔记
3　A. 红色的　　　B. 不知道　　　C. 黑色的　　　　D. 蓝色的
4　A. 李想　　　　B. 李香　　　　C. 李向　　　　　D. 李祥

単語

捡 jiǎn：拾う
特征 tèzhēng：特徴
天津师范大学 Tiānjīn Shīfàn Dàxué：天津師範大学

李想 Lǐ Xiǎng：(人名) 李想
一定 yídìng：きっと、かならず
小心 xiǎoxīn：気を付ける、注意する

实况录音 3 | **你是什么签证**
052 | 公安局にビザの延長手続について問い合わせに来ました

【练习3　判断下列句子的正误】　　　053

読み上げる文章がスキットと合っていれば○、間違っていたら×を書きましょう。

1 ___　　2 ___　　3 ___　　4 ___　　5 ___　　6 ___

单语

警官　jǐngguān：警察官
如何　rúhé：どのように
办理　bànlǐ：手続きをする
签证　qiānzhèng：ビザ
延期　yánqī：延期する、期限を延長する

护照　hùzhào：パスポート
计划　jìhuà：予定をたてる。計画する
出具　chūjù：発行する
录取　lùqǔ：受け入れる。許可する
公函　gōnghán：公簡、公式文書
红磡公寓　Hóngkān Gōngyù：紅磡アパート
派出所　pàichūsuǒ：（警察の）派出所

求助

スキット1　8890 为您服务
こちらは 8890 ホットラインです

（在打电话）

接线员：您好！8890 为您服务。

咨询者：您好！我有一件事儿想咨询一下，我买了一张明晚的火车票，应该从西站上车，但我临时有事，想从东站上车，不知道可以吗？

接线员：嗯，应该是可以。

咨询者：您确定吗？

接线员：是这样的，我们曾专门到铁路部门了解过，他们不支持这种做法，但是如果乘客有特殊情况也可以检票上车。

咨询者：那需要带什么证件吗？

接线员：不用，凭火车票进站就行。

咨询者：噢，那还需要手续费吗？

接线员：可能需要一块钱手续费吧！

咨询者：噢，那谢谢您。

接线员：不客气，再见。

咨询者：再见。

（電話で）

受け手：はい。こちらは 8890 ホットラインです。

質問者：もしもし。ちょっとお尋ねしたいことがあるんです。私は明晩発の列車の切符を買って、西駅から乗るはずだったのですが、急に用ができて、東駅から乗車したいんです。それが大丈夫かどうか分かりますか？

受け手：なるほど、大丈夫なはずです。

質問者：確かでしょうか？

受け手：こういうことなんです。鉄道関連の部署にそのことを問い合わせたことがあるのです。そうした利用法は積極的に認めはしないけれども、旅客に特別な事情があれば切符を検札して乗車できる、とのことでした。

質問者：それでは、なにか証明書が必要でしょうか？

受け手：必要ありません。（購入済みの）切符で改札を入れば大丈夫です。

質問者：そうですか。では、ほかに手数料は必要ですか。

受け手：おそらく 1 元の手数料が必要だと思いますよ。

質問者：そうですか。ありがとうございました。

受け手：どういたしまして。それでは失礼します。

質問者：失礼します。

スキット2　请问您这儿捡到书包了吗
カバンの忘れ物がありましたか

（在图书馆）

李想：您好，我上午在图书馆学习，走的时候忘拿包了，请问您这儿捡到书包了吗？

老师：是有一个书包。你的书包有什么特征吗？

李想：它是个红色的双肩背包，上面还印着"天津师范大学"六个字。

老师：你书包里有些什么东西？

李想：有一本《大学英语》，有一本《高等数学》，还有两个笔记本，上面写着我的名字李想。

老师：啊，看来这书包是你的。你在这儿签个字吧。给你书包，下一次一定小心啊！

李想：好的，谢谢啊。

老师：不用客气。

（図書館で）

李想：すみません、午後に図書館で勉強していて、出るときにカバンを忘れていってしまったのですが、カバンの忘れ物がありましたか。

係員：たしかにカバンが1つありますよ。あなたのカバンにはどんな特徴がありますか。

李想：赤いリュックで、「天津師範大学」という6文字が印刷してあります。

係員：カバンの中にはどんな物が入っていますか。

李想：『大学英語』が1冊、『高等数学』が1冊、それからノート2冊で、私の名前「李想」が書いてあります。

係員：そうですか。どうやらこのカバンはあなたのですね。ここにサインしてください。カバンをお渡しします。次からは気をつけてくださいね。

李想：分かりました。ありがとうございました。

係員：どういたしまして。

スキット3 | 你是什么签证
あなたのビザは何ビザですか

（在公安局）
留学生：警官，你好。

警　官：您好，有什么需要帮忙的？
留学生：我是来天津学习汉语的，想咨询一下如何办理签证延期。

警　官：延期？你是什么签证？

留学生：我是L签证，这是我的护照。

警　官：哦，L签证，30天的。你计划在天津学习多长时间呢？

留学生：半年。
警　官：哦，那办理一个F签证就可以了。

留学生：需要什么材料呢？
警　官：需要学校出具的录取通知书、公函和JW202表。

留学生：录取通知书、公函和JW202表，哦，总共3个。那好，谢谢您，警官。

警　官：不客气。
留学生：再见。
警　官：哎，等一下，你住在哪里呢？

留学生：我住在红磡公寓。
警　官：那，那还需要派出所给你的备查卡。

留学生：好的，好的，谢谢您啊。

警　官：不客气，再见。

（公安局で）
留学生：警察官さん、こんにちは（＝すみません、お願いします）。

警　官：こんにちは。どんなご用ですか。
留学生：私は天津に中国語を学びに来た者なのですが、ビザの延長をどのように手続きすればよいのかお尋ねしたいのです。

警　官：延長ですか。あなた（のビザ）は何ビザですか。

留学生：私（のビザ）はLビザです。これが私のパスポートです。

警　官：ああ、Lビザで30日間のですね。天津でどれくらいの期間留学する予定ですか。

留学生：半年です。
警　官：そうですか。ではFビザ（への変更申請）の手続きをすればよいですよ。

留学生：どんな書類が必要ですか。
警　官：学校が発行する"录取通知书"（入学許可書）と"公函"（大学発行の公式文書）と"JW202表"（外国留学人員来華簽証申請表）が必要です。

留学生："录取通知书"と"公函"と"JW202表"ですね、全部で3種類ですね。わかりました。ありがとうございました。

警　官：どういたしまして。
留学生：さようなら。
警　官：ああ、ちょっと待って。どこに住んでいますか。

留学生：紅磡アパートに住んでいます。
警　官：それでは、派出所が発行する"备查卡"（居所証明カード）も必要です。

留学生：ああ分かりました。ありがとうございました。

警　官：どういたしまして。さようなら。

文法解説

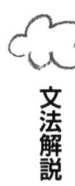

1 是这样的，……（こういうわけなのです。つまり……）
是这样的："是这样的"の後には、すでに提示された問題の具体的な解説が示される。
(例) A：老板，我们俩干一样的活儿，为什么工资不一样呢?
B：是这样的，你们到这儿工作的时间不一样。
A：社長、私たち2人は同じ仕事をしているのですが、どうして給料が違うのですか。
B：それはこういうわけなんだよ。君たちはここに来て仕事をした期間が違うんだ。

2 是有一个书包（たしかにカバンが1つありますよ）
是：ここでは"是"を強く読み、強く肯定することを表す。
(例) 他是想出国留学。
かれは海外留学がしたいのだ。

3 看来这书包是你的（どうやらこのカバンはあなたのものですね）
看来：いくつかの状況から導き出された推論であることを示す。文頭で多く使われ、完全な肯定ではないことを表す丁寧で婉曲な言い回しである。
(例) 看来他还没拿定主意。
どうやら彼はまだ決めかねているらしい。

4 我是来天津学习汉语的
（私は天津に中国語を学びに来た者なのです）
是……的：強調構文。物事が起こった時期・地点・方式などを強調する際に用いる。
(例) 你是什么时候回来的?
あなたはいつ戻ってくるのですか。

5 哎，等一下，你住在哪里呢?
（ああ、ちょっと待って。どこに住んでいますか）
哎：感嘆詞で、相手に呼びかけたり、相手の注意をうながす際に用いる。
(例) 哎，小红，你去哪儿?
あら、小紅、どこに行くの?

文化解説

1 8890 热线为您服务
（8890 ホットラインがお客様のお役にたちます）
8890：天津市による電話案内サービス。幅広い内容の問い合わせに素早く正確に答える、柔軟なサービスである。正確な電話番号は88908890で、"**拨拨就灵**"の発音に引っかけている。電話をかければすぐに助けが得られ、どんな問題も解決できる、という意味である。

2 JW202 表（外国留学人員来華簽証申請表）
中国の大学に入学する際の必須書類の1つ。

3 **备查卡**（居所証明カード）
派出所・銀行・学校・ホテル・街道（日本の町内会に似た行政単位の1つ）などの企業や組織が、効率的管理のために基本データを記録して作成するカード。

練習の問題文と解答

【練習1】

1 ○
这两个人是在电话中交谈。(この2人は電話で会話している)
2 ○
录音中提到的电话号码是8890。(スキットに出てきた電話番号は8890だ)
3 ○
打电话的人买了明晚的火车票，他想从东站上车。(電話をかけた人物は明晩の列車の切符を買ってあり、東駅から乗車したいと考えている)
4 ×
不管遇到什么情况，旅客都必须在规定的车站上车。(どのような事情があっても、すべての旅客は規定の駅から乗車しなければならない)
5 ×
铁路部门欢迎乘客在其他车站上车。(鉄道関連部署は、旅客が予定外の駅から乗車することを歓迎している)
6 ○
打电话的人明晚上火车，不用带证件，只带火车票就行了。(電話をかけた人物が明晩列車に乗る際は、証明書を持参する必要はなく、切符だけ持っていけばよい)

【練習2】

1 录音中的学生丢了什么东西？(登场する学生は何をなくしたか)　B. カバン
2 下面哪一项不是书包里的东西？(次のうち、カバンに入っていなかった物はどれか)　C. ノートパソコン
3 这个学生丢的书包是什么颜色的？(この学生がなくしたカバンはどんな色か)
A. 赤
4 这个丢书包的学生叫什么名字？(カバンをなくしたこの学生はなんという名前か)
A. 李想

【練習3】

1 ○
他们两个人一个人是警察，另一个人是留学生。(この2人のうち、1人は警察官で、もう1人は留学生だ)
2 ×
她是想到天津旅游的。(この女性は天津に旅行に行こうとしている)
3 ×
这个人想办一个签证。(この人物はビザを申請しようとしている)
4 ○
她有L签证，需要办理F签证。(この女性はLビザを持っており、Fビザに変更する手続きをしなければならない)
5 ×
办理F签证的话，只需要带录取通知书、公函。(Fビザの手続きをする場合、"录取通知书"と"公函"だけを持参すればよい)
6 ×
录音中的警察住在红磡公寓。(警察官は紅磡アパートに住んでいる)

第九课 在银行 | 銀行で

【常用句】この課に出てくるキーフレーズを覚えましょう　054

0-1 我的银行卡被吞了，怎么办啊？　Wǒ de yínhángkǎ bèi tūn le, zěnme bàn a?
キャッシュカードが飲み込まれ（＝出てこなくなり）ました。どうしたらいいでしょうか。＊吞 tūn：飲み込む

0-2 快拨打客服电话。　Kuài bōdǎ kèfú diànhuà.
早くカスタマーサービスに電話してください。＊拨打 bōdǎ：番号をダイヤルする

1-1 您持有什么币种？　Nín chíyǒu shénme bìzhǒng?
どんな種類の通貨をお持ちですか（＝お持ちの通貨は何ですか）。

1-2 最近人民币升值了。　Zuìjìn Rénmínbì shēngzhí le.
近ごろ人民元は値上がりしました。

2-1 请您先把这几张表填一下儿。　Qǐng nín xiān bǎ zhè jǐ zhāng biǎo tián yíxiàr.
この何枚かの用紙にご記入をお願いします。

2-2 把您的身份证给我，我需要核对一下儿。
Bǎ nín de shēnfènzhèng gěi wǒ, wǒ xūyào héduì yíxiàr.
身分証をお出しください。照合しなければなりませんので。

2-3 您的联系电话没有写，请您写一下儿。
Nín de liánxì diànhuà méiyǒu xiě, qǐng nín xiě yíxiàr.
電話番号が書いてありませんので、お書きください。

2-4 请输入密码。　Qǐng shūrù mìmǎ.
暗証番号を入力してください。

3-1 请到门口的 ATM 机上办理吧。　Qǐng dào ménkǒu de ATM jīshang bànlǐ ba.
入り口にある ATM に行って手続きしてはどうですか。

3-2 插入银行卡，按照提示操作就可以了。
Chārù yínhángkǎ, ànzhào tíshì cāozuò jiù kěyǐ le.
キャッシュカードを差し込んで、案内にしたがって操作すれば大丈夫です。

实况录音1 | **我想兑换一些人民币**
055 | 両替しに来ました

【练习1　选择正确答案】　056
問題を聞き、スキットにあてはまるものを選びましょう。

1　A. 书店　　　B. 邮局　　　C. 饭店　　　D. 银行
2　A. 存钱　　　B. 换钱　　　C. 取钱　　　D. 咨询
3　A. 美元　　　B. 人民币　　C. 日元　　　D. 英镑
4　A. 1：17.5　 B. 1：8.2　　C. 1：7.5　　D. 1：11.5
5　A. 文中没有提到 B. 600　　C. 6000　　 D. 800
6　A. 800　　　 B. 6000　　　C. 8000　　　D. 680

単語

兑换 duìhuàn：両替する
人民币 rénmínbì：人民元（RMB）
持有 chíyǒu：所持する、保有する
币种 bìzhǒng：通貨の種類
美元 měiyuán：米ドル
汇率 huìlǜ：為替レート、兑换率
升值 shēngzhí：値上げする

实况录音 2 | 我想开一个账户
057 | 口座の開設に来ました

【练习2 判断下列句子的正误】　**058**
読み上げる文章がスキットと合っていれば○、間違っていたら×を書きましょう。

1 ____　2 ____　3 ____　4 ____　5 ____

単語

账户 zhànghù：銀行口座
填 tián：記入する
身份证 shēnfènzhèng：身分証

输入 shūrù：入力する
密码 mìmǎ：暗証番号
存折 cúnzhé：預金通帳

实况录音 3 | 按照提示操作就可以了
059　窓口が込んでいるのでATMを勧められました

【练习3　选择正确答案】　**060**
問題を聞き、スキットにあてはまるものを選びましょう。

1　A. 交电话费　　　　　　　B. 存钱
　　C. 使用 ATM 机　　　　　 D. 取号
2　A. 只有那里可以交电话费　 B. 比较快
　　C. 操作很简单　　　　　　 D. 使用的人比较少
3　A. 会，她经常使用　　　　 B. 不太熟练
　　C. 会一点儿　　　　　　　 D. 一点儿也不会
4　A. 只插入银行卡就可以了　 B. 插入银行卡，按提示操作
　　C. 请别人帮助　　　　　　 D. 按提示操作

単語

话费　huàfèi：電話料金
插入　chārù：差し込む
按照　ànzhào：〜にしたがって
提示　tíshì：掲示、案内
操作　cāozuò：操作する

在银行

スキット1　我想兑换一些人民币
人民元に両替したいのですが

（在银行）
柜员：您好！
顾客：您好！
柜员：请问您需要什么服务吗？
顾客：我想兑换一些人民币。
柜员：好的。您持有什么币种？美元吗？

顾客：是的。我想问下，现在汇率是多少？
柜员：1比7.5。
顾客：怎么汇率好像变了？
柜员：是啊，最近人民币升值了。

顾客：哦，那您帮我换800美元的。

柜员：好的，收您800美元。
顾客：对。
柜员：换给您6000人民币。请收好。
顾客：谢谢。

（銀行で）
係員：いらっしゃいませ。
客　：こんにちは。
係員：どのようなご用件ですか？
客　：人民元に両替したいのです。
係員：承知しました。お持ちの通貨は何ですか。米ドルですか。

客　：そうです。お尋ねしますが、今のレートはどれくらいですか。
係員：1対7.5です。
客　：あれ、レートが変わりましたか。
係員：そうです。近ごろ人民元は値上がりしました。

客　：そうですか。それでは800ドル分（の人民元）に両替してください。
係員：承知しました。800ドルですね。
客　：はい。
係員：6000元の人民元に両替しました。
客　：ありがとうございます。

スキット2　我想开一个账户
口座を開きたいのですが

（在银行）
营业员：您好。
顾　客：您好，我想开一个账户。

营业员：好的，请您先把这几张表填一下儿。
顾　客：填好了，您看一下儿。
营业员：把您的身份证给我，我需要核对一下儿。
顾　客：在这儿。
营业员：您的联系电话没有写，请您写一下儿吧。
顾　客：好的。
（提示音：请输入密码，请输入密码）

（銀行で）
係員：いらっしゃいませ。
客　：こんにちは。口座を開きたいのですが。

係員：承知しました。こちらの用紙にご記入ください。
客　：記入しました。ご覧ください。
係員：身分証をお出しください。照合しなければなりませんので。
客　：これです。
係員：電話番号が書いてありませんので、お書きください。
客　：わかりました。
（機械音声：暗証番号を入力してください。暗証番号を入力してください。）

营业员：这样就行了。您存钱吗？	係員：これで結構です。預金なさいますか。
顾　客：存 5000。	客　：5000 元預金します。
营业员：可以了，这是您的存折。	係員：できました。これがお客様の通帳です。
顾　客：谢谢。	客　：ありがとうございました。

スキット 3 ｜ 按照提示操作就可以了
案内の通りに操作すれば大丈夫です

（在银行交话费）

保安：小姐，请先取号。

顾客：噢，知道了。哎呀，我前面还有九个人哪，这得等多长时间啊！

保安：我们三个窗口同时服务，可能用不了太久。

顾客：但是我只是交一下话费，一会儿还有急事要办。

保安：那请到门口的 ATM 机上办理吧，那样比较快。

顾客：可是我没有用过 ATM 机交话费呀！难不难呢？

保安：不难，很简单，插入银行卡，按照提示操作就可以了。

顾客：噢，那我试试吧。

（銀行で電話料金を支払う）

守衛：お客様、先に番号札をお取りください。

客　：ああ、分かりました。あら、私の前に 9 人もいるのね。これじゃあ、長いこと待たなくちゃいけないわ。

守衛：ここでは 3 つの窓口で同時に対応していますから、そんなに長くはかからないと思いますよ。

客　：でも私は電話料金を払うだけなのよ。ほかにまだ急ぎの用もあるの。

守衛：では入り口にある ATM で手続きしてはどうですか。そのほうが早いですよ。

客　：でも私 ATM で電話料金を払ったことがないのよ。難しくないかしら。

守衛：難しくないですよ、簡単です。キャッシュカードを入れて、案内の通りに操作すれば大丈夫ですよ。

客　：そうですか。では試してみますね。

文法解説

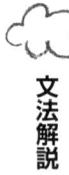

1. 您持有什么币种？
 (どんな種類の通貨をお持ちですか (＝お持ちの通貨は何ですか))
 币种：通貨の種類。"**美元**"（米ドル）、"**日元**"（日本円）、"**英镑**"（ポンド）、"**欧元**"ユーロなど。

2. 现在汇率是多少？（今のレートはどれくらいですか）
 汇率：通貨の為替レートを指す。"**汇价**""**外汇行市**"ともいう。

3. 最近人民币升值了（近ごろ人民元は値上がりしました）
 升值：ある単位貨幣の含金量を増加すること、あるいはある通貨の他の通貨に対する比価を引き上げること。"**人民币升值**"とは、人民元を他の通貨に両替する際の比価が上がったことを指す。1ドル8.2元であったレートが1ドル7.01元になる、など。

4. ATM 机（ATM）
 英語の"automated teller machine"の頭文字をつなげたもの。"**自动取款机**"とも呼ばれる。

文化解説

1. 请先取号（先に番号札をお取りください）
 取号：銀行・証券会社・電話会社の窓口などで手続きを行う際は、客数が多いため、客はまず番号札を取り、その番号の順に手続きを行う。病院の専門診療などでも、こうした方法を採用している場合がある。

練習の問題文と解答

【練習1】

1 这段对话可能发生在什么地方？（この会話が行われているのはどこだと思われるか）　D．銀行
2 这个顾客想要做什么？（この客は何をしようとしているか）　B．両替
3 这个顾客有什么币种？（この客は何の通貨を持っているか）　A．米ドル
4 当时美元和人民币的汇率是多少？（この時米ドルと人民元の兌換率はいくらか）　C．1：7.5
5 录音中的顾客换了多少美元？（この客はいくらの米ドルを両替したか）　D．800
6 银行给顾客多少人民币？（銀行は客にいくらの人民元を渡したか）　B．6000

【練習2】

1 ○
　录音中的人想开一个账户。（登場人物は口座を開こうとしている）
2 ○
　开账户需要用一下身份证。（口座を開くには身分証を使う（提示する）ことが必要だ）
3 ×
　开账户的时候不需要输入密码。（口座を開く時には暗証番号を入力する必要はない）
4 ×
　开户后顾客打算存50000元。（口座を開いてから、客は5万元預金しようとしている）
5 ×
　开账户的顺序：一、出示身份证，二、输入密码，三、填表。（口座をひらく手順は次の通りだ。1）身分証を提示する、2）暗証番号を入力する、3）用紙に記入する）

【練習3】

1 这位女士要办什么业务？（この女性はなんの手続きをしようとしているか）
　A．電話料金を払う
2 为什么请她去ATM机上办理？（なぜこの女性にATMで手続きさせたのか）
　B．早目に手続きできるから
3 这位女士会使用ATM机吗？（この女性はATMを使うことができるか）
　D．少しもできない
4 怎么使用ATM机呢？（ATMはどのように使うか）　B．キャッシュカードを入れて、案内にしたがって操作する

第十课　市内交通 | 都市の交通

【常用句】この課に出てくるキーフレーズを覚えましょう　061

1-1　我想办一张乘车卡。　Wǒ xiǎng bàn yì zhāng chéngchēkǎ.
　　乗車カードを作る手続きをしたいです。

1-2　用这个卡乘车可以打95折。　Yòng zhège kǎ chéng chē kěyǐ dǎ jiǔwǔ zhé.
　　このカードを使うと乗車料金が9.5掛け（5%引き）になります。

2-1　现在不是上下班儿时间，所以人不多。
　　Xiànzài bú shì shàngxiàbānr shíjiān, suǒyǐ rén bù duō.
　　今は通勤ラッシュの時間帯ではないので、乗客が少ない。

2-2　我们坐反了吧？ 这不是越走越远了吗？
　　Wǒmen zuò fǎn le ba? Zhè bú shì yuè zǒu yuè yuǎn le ma?
　　逆方向の（列車）に乗ってしまったのでしょう。これではどんどん遠くなるではありませんか。

2-3　下一站赶快下车吧，去对面坐车。
　　Xià yí zhàn gǎnkuài xiàchē ba, qù duìmiàn zuòchē.
　　次の駅ですぐ降り、向かい（のホーム）に行って乗車しましょう。

2-4　倒是没有浪费钱，但是浪费了时间。
　　Dàoshì méiyǒu làngfèi qián, dànshì làngfèi le shíjiān.
　　お金は無駄にならないとしても、時間の無駄にはなるなあ。

3-1　时间还真是有点儿紧，我尽量开得快一点儿。
　　Shíjiān hái zhēnshì yǒudiǎnr jǐn, wǒ jǐnliàng kāi de kuài yìdiǎnr.
　　本当に時間がちょっとギリギリですが、できるだけ速く運転します。

3-2　平常从这儿到火车站需要多长时间？
　　Píngcháng cóng zhèr dào huǒchēzhàn xūyào duōcháng shíjiān?
　　普段はここから駅までどれくらい時間がかかりますか。

3-3　一般需要半个小时左右。　Yìbān xūyào bàn ge xiǎoshí zuǒyòu.
　　普段は30分ほど時間がかかります。

3-4　我们还是别太急，安全第一。　Wǒmen háishi bié tài jí, ānquán dìyī.
　　やはり急ぎすぎずに、安全第一で（行きましょう）。

实况录音 1 | **用这个卡乘车可以打折吗**
062 | 割引のある乗車カード"金轮卡"をつくりに来ました

【练习 1　判断下列句子的正误】　063
読み上げる文章がスキットと合っていれば○、間違っていたら×を書きましょう。

1 ___　2 ___　3 ___　4 ___　5 ___　6 ___

単語

乗车 chéng chē：乗り物に乗る
押金 yājīn：デポジット、保証金
充 chōng：～をチャージする
充值 chōngzhí：チャージする

实况录音2 | **我们坐反了吧**
064 | 李伟は友達と電車に乗り込みました

【练习2　回答问题】
質問に中国語で答えましょう。

1　现在车上的人多吗？为什么？ _____
2　录音中的两个人想去哪儿？ _____
3　下一站是哪儿？ _____
4　他们应该去哪儿坐车？ _____
5　他们去对面坐车还要花钱吗？ _____

単語

李伟　Lǐ Wěi：(人名) 李偉
步行　bùxíng：歩く
联通大厦　Liántōng Dàshà：聯通大廈＝中国聯合通信（チャイナ・ユニコム）ビル
反　fǎn：逆の、反対の
赶快　gǎnkuài：急いで
顾　gù：気にかける、注意する
浪费　làngfèi：無駄にする、浪費する

实况录音 3 | 出租车
065
タクシーに客があわてて乗ってきました

【练习 3　选择正确答案】
066
問題を聞き、スキットにあてはまるものを選びましょう。

1　A. 北京　　　　B. 火车站　　　C. 北京火车站　D. 上班
2　A. 6点半　　　 B. 6点　　　　 C. 6点40　　　 D. 5点50
3　A. 一个半小时　B. 40多分钟　　C. 半个小时左右　D. 一个多小时
4　A. 不好说　　　B. 应该没问题　C. 肯定能提前到　D. 可能赶不上
5　A. 6点半　　　 B. 5点40　　　 C. 5点50　　　 D. 6点

单語

紧　jǐn：時間に余裕がない。切迫している
平常　píngcháng：普通の、一般的な
左右　zuǒyòu：～くらい、～前後
幸亏　xìngkuī：幸いにも
误点　wùdiǎn：予定時刻に遅れる
安全　ānquán：安全な

スキット1　用这个卡乘车可以打折吗
このカードを使えば乗車料金が割引になりますか

（在公交车卡办理处）
学　生：您好，我想办一张乘车卡。
服务员：嗯，您办哪种？
学　生：我听说有一种叫金轮卡的。
服务员：那就是H卡。
学　生：嗯。
服务员：那个是18块钱押金，然后最低充10块。
学　生：行。那用这个卡乘车可以打折吗？
服务员：可以，上车打95折。
学　生：啊，好的。那给您100块钱，18块钱押金，其他全作为充值。
服务员：那您就是18块钱押金，充82。
学　生：嗯。
服务员：对吗？
学　生：对。谢谢您。

（バスカード窓口で）
学生：すみません、乗車カードを作りたいのですが。
係員：はい、どの種類のを作りますか。
学生：金輪カードっていうのがあると聞いたんですが。
係員：それはHカードです。
学生：はい。
係員：それですとデポジットが18元、それとチャージ最小額が10元です。
学生：分かりました。このカードを使えば乗車料金が割引になるのですか。
係員：そうです。乗車料金が9.5掛け（5%引き）になります。
学生：ああ、そうですか。では、100元お渡しします。18元はデポジットで、残りは全部チャージします。
係員：では、18元のデポジットと、チャージが82元ですね。
学生：はい。
係員：合ってますか。
学生：はい。ありがとうございました。

スキット2　我们坐反了吧
逆方向の列車に乗ったんじゃないか

（在地铁）
同学：李伟！快点儿！车来了。
李伟：好的，现在人不多。
同学：当然不多，又不是上下班时间。
李伟：快上车吧。下了车我们还要步行一段时间才能到商贸街。
同学：不对吧，下一站怎么是联通大厦站呢？
李伟：我们坐反了吧？这不是越走越远了吗？

（地下鉄で）
同級生：李偉、早く早く。列車が来たよ。
李偉：分かった。今は人が少ないね。
同級生：そりゃ少ないよ、通勤ラッシュの時間でもないから。
李偉：早く乗ろう。下車してから"商貿街"まで、まだしばらく歩かないといけないな。
同級生：おかしいな、次の駅がなんで聯通大廈なんだ？
李偉：逆方向に乗ったんじゃないのか。これじゃあ、どんどん遠くなるじゃないか。

同学：对啊！我们只顾着跑呢，应该去对面坐车才对。	同級生：そうだよ。僕たち、走ることばかりに気を取られてたけど、向かいの列車に乗るべきだった。
李伟：下一站赶快下车吧，去对面坐车。	李偉 ：次の駅ですぐ降りて、向かい（の列車）に乗ろう。
同学：不是浪费吗？	同級生：無駄使いじゃないかい。
李伟：什么呀？不用再买票了，不出站到对面坐车就行。	李偉 ：なにがさ。また切符を買う必要はないよ。改札を出ないで向かいのに乗ればいいのさ。
同学：哦，倒是，没有浪费钱，但是浪费了时间。	同級生：そうか。それにしても、お金は無駄でなくても、時間の無駄にはなるな。
李伟：那没办法。	李偉 ：そりゃしょうがないよ。

スキット3 | 出租车
タクシー

（在出租车上）	（タクシーで）
乘车者：出租车！出租车！	乗客　：タクシー！タクシー！
司　机：请上车。你去哪儿？	運転手：お乗りください。どちらまで？
乘车者：去火车站，赶6点半到北京的火车。	乗客　：駅まで。6時半の北京行きの列車に乗るため急いでいるんです。
司　机：哦。还剩40分钟，时间还真有点儿紧，我尽量开得快一点儿，还好路上现在人不多。	運転手：そうですか。あと40分ですね。時間がぎりぎりですが、できるだけ速く走りますよ。幸いにも今は道があまり混んでいません。
乘车者：师傅，平常从这儿到火车站需要多长时间啊？	乗客　：運転手さん、普段はここから駅までどれくらいかかりますか。
司　机：一般需要半个小时左右，如果赶上上下班的时间那就不好说了，也可能一个小时还到不了呢。	運転手：普段なら30分ほどですが、通勤ラッシュの時間に当たったらなんとも言えません。1時間でも着かないかもしれません。
乘车者：幸亏现在路上人不多。	乗客　：今は混んでいなくてよかった。
司　机：应该不会误点。	運転手：多分遅れることはありませんよ。
乘车者：多谢您，师傅。不过我们还是别太急，安全第一。	乗客　：ありがとうございます（＝よろしくお願いします）。でもやはり急ぎすぎずに、安全第一で（行きましょう）。

文法解説

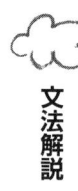

1 **又不是上下班时间**（通勤ラッシュの時間でもない）
   又：副詞。否定文あるいは反語文で用い、否定あるいは反問の語気を強める。
   （例）他又不吃人，你怕他干什么？
   　　　彼が人をとって食うわけでもあるまいに、どうして彼を怖がるのだ。

2 **这不是越走越远了吗？**
   （これではどんどん遠くなるではありませんか）
   不是……吗：否定文の形をとった反語文。回答は求めていない。
   （例）这不是到中午了吗？
   　　　正午になっているじゃないか。
   越……越……：状況の進展に伴い程度が変わることを表す。この構文自体に程度が高いことを表す働きがあるため、後に続く形容詞をさらに程度副詞で修飾することはできない。
   （例）你的汉语越说越好了。
   　　　あなたの（話す）中国語は話せば話すほど上手になってきた。

3 **倒是没有浪费钱，但是浪费了时间**
   （お金は無駄にならないとしても、時間の無駄にはなるなあ）
   倒是：副詞。"倒"と言ってもよい。一般的な道理と事実が相反しているため少し意外であるということを表す。このフレーズには譲歩のニュアンスも含まれており、"**尽管没有浪费钱，但是却浪费了时间**"（たとえお金が無駄にならないとして、それでも時間は無駄になる）という意味である。
   （例）他现在倒是不想离婚了，可人家对方现在是非离不可。
   　　　今となっては彼は離婚したくなくなった。しかし今度は相手方が離婚しないわけにはいかない（＝絶対離婚すると言っている）のだ。

4 **一般需要半个小时左右**（普段は30分ほど時間がかかります）
   左右：数量詞の後に置き、その数量よりやや多いかやや少ないかであることを表す。"**30岁左右**"（30歳前後）、"**4000元左右**"（4000元ほど）、"**1米76左右**"（1メートル76センチくらい）。

5 **还好，路上现在人不太多**（幸いにも今は道があまり混んでいません）
   还好：どちらかというと幸運であるということを表す。状況が予想し

たほどは悪くない場合によく用いられる。
（例）还好，病人终于抢救过来了。
　　　幸いにも、患者はついに一命を取り留めた。

6　安全第一（安全第一）
第一：“**最重要的**"（もっとも重要だ）という意味。類似の言い方に"**质量第一**"（品質がもっとも重要だ）などがある。

練習の問題文と解答

【練習1】

1 ×
录音中提到的金轮卡是一种银行卡。(金輪カードとは銀行キャッシュカードの一種である)
2 ○
金轮卡也叫 H 卡。(金輪カードは H カードとも呼ばれる)
3 ×
办 H 卡需要交 10 块钱押金。(H カードを作るには 10 元のデポジットが必要だ)
4 ○
H 卡里面最少要存 10 块钱。(H カードには最低でも 10 元をチャージしなければならない)
5 ×
用 H 卡坐车可以打 9 折。(H カードを使うと乗車料金が 9 掛け（10%引き）になる)
6 ○
录音中的这个人在 H 卡里充了 82 块钱。(スキットの登場人物は H カードに 82 元をチャージした)

【練習2】

1 今、车内的乘客是多いか。それはなぜか
不多，因为现在不是上下班时间。

2 2人はどこに行こうとしているか
想去商贸街。
3 次の駅はどこか
是联通大厦站。
4 彼らはどこに行って乗車すべきだったか
去对面坐车才对。
5 彼らが向かいの列車に乗るには更にお金（運賃）が必要か
不用花钱。

【練習3】

1 这个人坐出租车要去哪儿？（この人物はタクシーでどこに行こうとしているか）
　B．駅
2 这个坐出租车的人要坐几点的火车？（この乗客は何時の列車に乗るか）
　A．6 時半
3 平常从这儿到火车站需要多长时间？（この場所から駅まで普段はどれくらい時間がかかるか）　C．30 分前後
4 这个出租车司机觉得能赶上火车吗？（このタクシー運転手は列車に間に合うと考えているか）　B．おそらく大丈夫だ
5 这两个人谈话的时间大约是几点？（この 2 人が話しているのは何時頃と思われるか）
　C．5 時 50 分

市内交通 | **083**

第十一课　求医（二） | 医療サービス (2)

【常用句】この課に出てくるキーフレーズを覚えましょう　　067

1-1 这种症状持续多长时间了？　Zhè zhǒng zhèngzhuàng chíxù duōcháng shíjiān le?
そのような症状はどれくらい続いていますか。

1-2 从你的症状看像是过敏性咽炎。
Cóng nǐ de zhèngzhuàng kàn xiàng shì guòmǐnxìng yānyán.
あなたの症状を見ると、アレルギー性咽頭炎のようです。

1-3 应该赶快去医院看看。　Yīnggāi gǎnkuài qù yīyuàn kànkan.
すぐに病院で診てもらうべきです。

1-4 挂个耳鼻喉科。　Guà ge ěrbíhóukē.
耳鼻咽喉科を受診します。

2-1 哪边儿的牙不舒服？　Nǎbiānr de yá bù shūfu?
どこの歯が具合が悪いのですか。

2-2 喝冷水的时候有点儿疼。　Hē lěngshuǐ de shíhou yǒudiǎnr téng.
冷たい水を飲むとき少し痛みます。

2-3 现在你去拍一张X光片，然后再对症治疗。
Xiànzài nǐ qù pāi yì zhāng X guāngpiàn, ránhòu zài duìzhèng zhìliáo.
まずレントゲンを撮りに行ってください。それから症状に合わせて治療します。

3-1 你还买了那么多东西，太破费了。　Nǐ hái mǎi le nàme duō dōngxi, tài pòfèi le.
そんなにたくさんの物を買ったのですか、お金の無駄遣いですね（＝そんなにたくさんの手土産を買って、散財させてしまいましたね）。

3-2 那天我自己也吓得够呛，多亏了你呀。
Nà tiān wǒ zìjǐ yě xià de gòuqiàng, duōkuīle nǐ ya.
あの日は自分でもひどくびっくりしました。あなたのおかげ（で助かったの）です。

3-3 哪儿的话，咱们都是朋友，这算不了什么的。
Nǎr de huà, zánmen dōu shì péngyou, zhè suàn bu liǎo shénme de.
どういたしまして。私たちは友達ですから、どうということもありません。

实况录音 1 068 | **你应该去医院看看**
小陈はせきが止まりません

【练习1 选择正确答案】 069
問題を聞き、スキットにあてはまるものを選びましょう。

1　A. 发烧　　　B. 咳嗽　　　C. 嗓子疼　　D. 嗓子干
2　A. 她刚得病　B. 她很忙　　C. 她一个人不敢去
　　D. 她觉得没事儿
3　A. 她不想去　B. 她马上就去　C. 她们去的是耳鼻喉医院
　　D. 她没去
4　A. 感冒　　　B. 急性咽炎　C. 过敏性咽炎　D. 说不清

単語

一直 yìzhí：ずっと、いつも　　过敏 guòmǐn：過敏症の
持续 chíxù：続く　　　　　　咽炎 yānyán：咽頭炎

求医（二） 085

实况录音 2 | **大夫，我牙疼**
070 | 歯医者に来ました

【练习 2　连线】
患者の話に合わせて症状と発症時を線で結びましょう。

1　喝冷水时　　　　A　发酸
2　吃东西时　　　　B　不疼
3　夜里　　　　　　C　有点儿疼

【练习 3　选择正确答案】　　　071
問題を聞き、スキットにあてはまるものを選びましょう。

1　A. 左边下牙　　　　B. 左边上牙
　　C. 右边下牙　　　　D. 右边上牙
2　A. 让患者取药　　　B. 让患者拍 X 光片
　　C. 让患者回家　　　D. 对症治疗
3　A. 牙周组织有问题　B. 牙龈有炎症
　　C. 牙髓有炎症　　　D. 不知道

単語

咀嚼　jǔjué：噛む
食物　shíwù：食べ物
发酸　fāsuān：うずく、だるい、痛い
估计　gūjì：推測する
牙髓　yásuǐ：歯髄
组织　zǔzhī：組織
X 光　X guāng：X 線（レントゲン）
牙周　yázhōu：歯周
对症治疗　duìzhèng zhìliáo：症状に合わせた治療、対症療法

实况录音 3 | **今天感觉好点儿没有**
072 | 小王は小英のお見舞いに来ました

【练习4　判断下列句子的正误】　073
読み上げる文章がスキットと合っていれば○、間違っていたら×を書きましょう。

1 _____　2 _____　3 _____　4 _____　5 _____

6 _____　7 _____　8 _____　9 _____　10 _____

【练习5　叙述一下这个谈话的主要内容】
会話を日本語で要約してみましょう。

_____
_____

単語

破费 pòfèi：無駄遣いする、散財する
其实 qíshí：実際には、実のところ
吓 xià：驚く
难受 nánshòu：心地良くない、苦しい
够呛 gòuqiàng：たまらない、やりきれない
多亏 duōkuī：幸いに、〜のおかげで

求医（二） | 087

スキット1　你应该去医院看看
病院で診てもらわなくては

（在小陈宿舍）	（陳さんの寮で）
小陈：咳，咳……	陳さん：コホン、コホン……
小吴：哎呀，小陈，你怎么了？看你一直在咳嗽。	呉さん：あら、小陈、どうしたの。ずっと咳をしているわね。
小陈：我嗓子很疼，又干又疼。	陳さん：喉がとても痛いの。喉がカラカラで痛いの。
小吴：怎么搞的，你去医院看病了吗？	呉さん：どうしたのかしら。病院で診てもらったの？
小陈：还没有呢。	陳さん：まだよ。
小吴：为什么？	呉さん：どうして。
小陈：因为一直没有时间。	陳さん：ずっと時間がなかったの。
小吴：这种症状持续多长时间了？	呉さん：そういう症状はどれくらい続いているの。
小陈：已经有两个星期了。	陳さん：もう2週間になるわ。
小吴：从你的症状看，像是过敏性咽炎，应该赶快去医院看看的。	呉さん：症状を見ると、アレルギー性の咽頭炎みたいよ。すぐに病院で診てもらわなくちゃ。
小陈：哦，那好吧。	陳さん：そうね、そうするわ。
小吴：我陪你一起去吧。	呉さん：私が一緒に行ってあげる。
小陈：去哪个医院呢？	陳さん：どこの病院に行こうかしら。
小吴：就去总医院吧，挂个耳鼻喉科。	呉さん：総合病院に行って、耳鼻咽喉科にかかりましょう。
小陈：好，谢谢你了。	陳さん：そうね。どうもありがとう。
小吴：不用谢，我们赶快去吧。	呉さん：とんでもない。さあすぐに行きましょう。

スキット 2 | **大夫，我牙疼**
先生、歯が痛いのです

患者：大夫，我牙疼。
医生：嗯，哪……哪边儿的牙不舒服？

患者：左面儿的下牙。
医生：冷热水时疼吗？

患者：啊，喝冷水的时候有点儿疼。

医生：那你咀嚼食物的时候，有……有什么不好……不舒服的感觉吗？
患者：有一点儿发酸。
医生：有一点儿发酸。啊，夜里疼吗？

患者：嗯，夜里不疼。
医生：夜里还没疼。我估计可能是你的牙髓组织啊出现了一些炎……炎性反应了，现在你去拍一张X光片，拍完之后我要看一看你的牙根儿啊，这个，还有牙周组织有没有问题，然后咱们再做对症治疗，好吧

患者：好的，谢谢您。

（歯科診療所で）
患者：先生、歯が痛いんです。
医師：そうですか。どこの歯が具合悪いのですか。

患者：左の下の歯です。
医師：冷たい水かお湯を飲む時痛みますか。

患者：そうですね、冷たい水を飲む時、すこし痛みます。

医師：では食べ物を噛む時、何か、具合の悪い感じはありますか。
患者：少しうずく感じがします。
医師：少しうずくのですね。夜には痛みますか。

患者：ええと、夜には痛みません。
医師：夜には痛くないのですね。おそらく歯髄組織に炎症反応が起こっているのだと思います。まずレントゲンを撮ってください。撮ったレントゲンで歯根と、それから、歯周組織にも問題がないか見てみましょう。それから症状に合わせた治療をしましょう。よろしいですか。

患者：分かりました。ありがとうございます（＝よろしくお願いします）。

スキット3　今天感觉好点儿没有
今日はいくらか良くなりましたか

（在医院）
小英：小王，你来了。
小王：嗯，小英，今天感觉好点儿了没有？
小英：好多了。你还带了那么多东西，多破费呀！
小王：其实也没带什么，前天可把我吓坏了，看你难受的那个样子，我还以为你得了什么大病呢。
小英：是啊，那天我自己也吓得够呛，多亏了你呀，要不是你我可能现在还疼着呢。
小王：哪儿的话啊，咱们都是朋友，这算不了什么，你好了，我就放心了。
小英：那么，感谢的话我也不说了，以后再谢你吧。
小王：不用谢。小英，时间也不早了，你再休息一会儿吧，我还有点儿事，我就先走了，明天我再来看你。
小英：好的。你慢走啊，不送了。
小王：再见！
小英：再见！

（病院で）
英さん：小王、来てくれたの。
王さん：うん。小英、今日はいくらか良くなったかしら。
英さん：だいぶ良くなったわ。そんなにたくさん手土産を持ってきてくれて、散財させたわね。
王さん：大したものは持ってきてないのよ。一昨日はびっくりしたわ。あんなに苦しそうな様子なんだもの、なにか重大な病気にでもかかったのかと思ったわ。
英さん：そうよね、あの日は自分でもひどくびっくりしたわ。あなたのおかげ（で私は助かったわ）ね。あなたがいなかったら、今でもまだ苦しんでたと思うわ。
王さん：とんでもないわ。私たちは友達だもの、これくらいどうということはないのよ。あなたが良くなれば、それで私は安心よ。
英さん：それじゃ、お礼の言葉は言わないことにするわ。治ったらまたお礼をするわ。
王さん：お礼なんていらないわ。小英、もう遅くなったわ。またよく休んでね。私は用事があるから、これで失礼するわね。明日また会いに来るわ。
英さん：分かったわ。気をつけてね。お見送りはしないわ（＝お引き止めはしないわ）。
王さん：またね。
英さん：またね。

文法解説

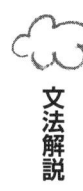

1 还没有呢（まだ～していません）
还没(有)呢：何らかの行為が発生あるいは完了していないことを表す。遠くない将来に発生あるいは完了するという含意がある。
（例）我还没有吃早饭呢。
　　　私はまだ朝食を食べていません。（もう少ししたら食べる）

2 喝冷水的时候有点儿疼（冷たい水を飲むとき少し痛みます）
有(一)点儿：よく動詞や形容詞の前に置かれ状語となり、程度が軽いことを表す。思い通りにならない事柄に関してよく用いられる。"一"は省略されることが多い。
（例）我今天有点儿不舒服。
　　　私は今日、少し具合が悪い。

3 今天感觉好点儿了没有?（今日はいくらか良くなりましたか）
(一)点：名詞を修飾する量詞で、量が少ないことを表す。形容詞の後ろに置かれることもあり、程度が軽微であることを表す。"一"は省略されることが多い。
（例）我去超市买一点儿东西。
　　　私はスーパーに行ってちょっと買い物をする。

4 那天我自己也吓得够呛，多亏了你呀
（あの日は自分でもひどくびっくりしました。あなたのおかげ（で助かったの）です）
多亏……：不愉快な事件が何らかの状況の発生により未然に防がれたことを喜ぶ表現。よく使われる構文として**"多亏A，要不然B"**がある。後半部分は省略されることも多い。
（例）多亏我来得早（，要不然就赶不上火车了）。
　　　早く来ておいてよかった（。さもなければ列車に間に合わないところだった）。

5 要不是你我可能现在还疼着呢
（あなたがいなかったら今でも苦しんでいたかもしれない）
要不是：「もし～でなかったら」という意味で、ある事象が発生しなかったら、あるいは現実と違っていたら、という仮定を表す。
（例）要不是那年高考他生病了，他现在早就大学毕业了。
　　　もしあの年の大学受験で病気になっていなければ、彼は今頃とっくに大学を卒業しているはずだった。

6　哪儿的话（どういたしまして）

相手の遠慮が過ぎることに不平を表す、あるいは相手の賞賛が行き過ぎだと感じていることを表す、軽微な非難を含む表現。

（例）A：当了领导，别忘了咱哥们儿啊！
　　　B：哪儿的话啊！
　　　A：リーダー（指導者・経営者）になっても、俺たち仲間のことを忘れるなよ。
　　　B：何言ってんだ。

7　这算不了什么的（これくらいどうということはない）

相手から感謝されたときに、答えとして常用される表現。"**这不算什么**""**这算得了什么**"と言ってもよい。

（例）其实，我帮你们做这点儿事也算不了什么。
　　　じっさい、私がこれをお手伝いしたといっても、どれほどのこともありません。

文化解説

1　哪……哪边儿的牙不舒服?（どこの歯が具合が悪いのですか）

スキットに登場する医師は少し吃音があるため、発音に重複や言いよどみがある。似た現象が"有……有什么不好……不舒服的感觉吗?""出现了一些炎……炎性反应了"でも見られる。

2　你还买了那么多东西，太破费了

（そんなにたくさんの手土産を買ってくれて、散財させてしまいましたね）

破费：お金を使うこと。多くは自分のために他の人がお金を使ってくれることを指す。友人からプレゼントされたときや食事をご馳走になったとき、プレゼントを受け取った側、食事をご馳走された側が使うあいさつ言葉。

（例）送我这么贵的生日礼物，让你破费了！
　　　こんな高価な誕生日プレゼントを贈ってくれて、散財させてしまいましたね。

練習の問題文と解答

【練習1】

1 小陈得病的症状不包括下面哪一点？(陳さんの病状に含まれていない症状はどれか)
　A．発熱
2 小陈为什么一直没去医院？(陳さんはなぜずっと病院に行かなかったか)
　B．忙しかったから
3 最后小陈去医院了吗？(結局、陳さんは病院に行ったか)　B．すぐに行った
4 小陈得的可能是什么病？(陳さんの病気はおそらく何か)　C．アレルギー性咽頭炎

【練習2】

1 冷水を飲む時—C 少し痛い
2 物を食べる時—A だるい
3 夜—B 痛くない

【練習3】

1 这个患者哪边牙疼？(この患者はどこの歯が痛いのか)　A．左の下の歯
2 听了患者的话后，大夫怎么做的？(患者の話を聞き、医師はどうしたか)
　B．患者にレントゲンを撮らせた
3 大夫估计患者牙疼的原因是什么？(医師は患者の歯痛の原因を何だと考えているか)　C．歯髄に炎症がある

【練習4】

1 ×
　小王病了，小英来医院看他。(王さんが病気になり、英さんが病院に見舞いに来た)
2 ○
　小王去看小英时，买了很多东西。(王さんが英さんのお見舞いに行くとき、たくさんの手土産を買った)
3 ×
　小英得了大病，住院了。(英さんが重大な病気にかかり、入院した)
4 ×
　小英得病的那天，小王不知道。(英さんが病気になった日、王さんは(それを)知らなかった)
5 ×
　小英的病很严重。(英さんの病気はとても重い)
6 ○
　小英非常感谢小王。(英さんは王さんにとても感謝している)
7 ○
　现在小英感觉好多了。(英さんの具合はだいぶ良くなった)
8 ×
　小英没有说感谢的话，很不礼貌。(英さんがお礼の言葉を言わなかったのは、とても失礼だ)
9 ×
　小英觉得她帮助小王是应该的。(英さんは自分が王さんを助けるのは当然だと考えている)
10 ×
　小王明天接小英出院。(王さんは明日英さんが退院するのを迎えに来る)

【練習5】

王さんは英さんのお見舞いにきた。英さんが倒れたとき近くに王さんがいたので助かったと英さんは感謝している。

第十二课 餐饮（一） | 飲食 (1)

【常用句】この課に出てくるキーフレーズを覚えましょう　　074

1-1 小饭馆儿我可不去，咱得吃一顿好的。
　　Xiǎo fànguǎnr wǒ kě bú qù, zán děi chī yí dùn hǎo de.
　　小さな食堂には行きませんよ。よい食事をしに行かなければなりません
　　（＝いいものを食べに行きましょう）。

1-2 一切都听你的。　Yíqiè dōu tīng nǐ de.
　　すべてあなたの言うことを聞きます（＝君の言うとおりにするよ）。

1-3 外表看起来还不错，就是不知道菜做得怎么样。
　　Wàibiǎo kànqilai hái búcuò, jiùshì bù zhīdào cài zuò de zěnmeyàng.
　　外見を見る限りでは良いようですが、料理のできがどうかということは分かりません。

1-4 进去尝尝不就知道了吗？　Jìnqù chángchang bú jiù zhīdào le ma?
　　入って味わってみれば分かることなのではありませんか。

2-1 现在点菜吗？　Xiànzài diǎn cài ma?
　　いまご注文なさいますか。

2-2 你点什么我吃什么。　Nǐ diǎn shénme wǒ chī shénme.
　　あなたがなにかを注文したら私はそれを食べます（＝あなたが注文したものをなんでも食べます）。

2-3 先要这些吧，不够再点。　Xiān yào zhèxiē ba, bú gòu zài diǎn.
　　まずはこれくらい頼んでおきましょう。足りなかったらまた注文します。

3-1 这是菜单，您想吃什么？　Zhè shì càidān, nín xiǎng chī shénme?
　　これがメニューです。なにを召し上がりますか。

3-2 那就再要两个凉菜吧。　Nà jiù zài yào liǎng ge liángcài ba.
　　それならほかに冷菜も２つ注文しましょうね。

3-3 都这么多了，还要啊！　Dōu zhème duō le, hái yào a!
　　もうこんなにたくさんあるのに、まだ頼むのですか。

实况录音1 | **我请你吃饭吧**
075 | 王剛が刘梅を食事に誘いました

【练习1　回答问题】
質問に中国語で答えましょう。

1　他们俩为什么到饭店吃饭？　_____
2　刘梅对这顿饭有什么要求？　_____
3　录音中的男的答应刘梅的要求了吗？　_____
4　最后他们去的那家饭店怎么样？　_____

単語

王刚　Wáng Gāng：(人名) 王剛
刘梅　Liú Méi：(人名) 劉梅
工资　gōngzī：給料
饭馆儿　fànguǎnr：レストラン
顿　dùn：食事などを数える量詞
一切　yíqiè：すべて
外表　wàibiǎo：外見

实况录音 2 | **你看点点儿什么**
076 | 张云と孙强が屋台で注文しています

【练习2 选择正确答案】 077
問題を聞き、スキットにあてはまるものを選びましょう。

1　A. 张云　　　B. 另一个男的　　C. 服务员
　　D. 三个人一起点的
2　A. 鸡腿儿　　B. 鸡翅　　　　　C. 鸡脖
　　D. 羊肉串
3　A. 茶　　　　B. 啤酒　　　　　C. 白酒
　　D. 没有点喝的东西

【练习3 说说他们俩都要了什么吃的和喝的】
2人が注文した食べ物と飲み物を中国語ですべて書きましょう。

_____

_____

単語

孙强 Sūn Qiáng：(人名) 孫強
张云 Zhāng Yún：(人名) 張雲
点菜 diǎn cài：食事の注文 (をする)
羊肉串儿 yángròuchuànr：羊肉の串焼き、シシカバブ
鸡翅 jīchì：鶏の手羽
鸡腿儿 jītuǐr：鶏のもも
啤酒 píjiǔ：ビール
够 gòu：足りる

实况录音 3 | 我想吃京酱肉丝
078 | メニューを見ています

【练习 4　判断下列句子的正误】　079
読み上げる文章がスキットと合っていれば〇、間違っていたら×を書きましょう。

1 ___　2 ___　3 ___　4 ___　5 ___　6 ___

単語

菜单 càidān：メニュー
东坡肘子 dōngpō zhǒuzi：中華料理の名
（豚足の煮込み）

京酱肉丝 jīngjiàng ròusī：中華料理の名
（細切り肉の炒め物）

餐饮（一）

スキット 1 　我请你吃饭吧
私が食事をご馳走しましょう

(在路上)
王刚：刘梅，我今天刚发了工资，走，我请你吃饭吧。

刘梅：那可太好了！不过，小饭馆儿我可不去，咱得吃一顿好的。

王刚：行啊，一切都听你的，走吧。

刘梅：前面有一家饭店，听说不错，去那儿吧。

王刚：你说的是这家吗？

刘梅：对啊。

王刚：外表看起来还不错，就是不知道菜做得怎么样。

刘梅：进去吃吃不就知道了吗？

王刚：好的。

(路上で)
王剛：劉梅、今日は給料が出たばかりなんだ。行こう、食事をおごるよ。

劉梅：それは素晴らしいわ。でも、小さな食堂はいやよ、何かいいものを食べなくちゃ。

王剛：いいよ、君の言うとおりにするよ。行こう。

劉梅：あそこにレストランがあるけど、いい店らしいわ。あそこに行きましょう。

王剛：君が言っていたのはこの店のことかい？

劉梅：そうよ。

王剛：見た感じは良さそうだが、料理がおいしいかどうかは分からないな。

劉梅：入って食べてみれば分かることじゃないかしら。

王剛：分かったよ。

スキット 2 　你看点点儿什么
なにを注文しようか

(在路边小吃摊儿)
服务员：你好！现在点菜吗？

孙　强：好的，张云，你看点点儿什么？
张　云：你点吧，你点什么我吃什么。

孙　强：好。那我点了啊，要三十个羊肉串儿，两个鸡翅，两个鸡腿儿。喝点儿酒吗？

张　云：来两瓶啤酒吧。

孙　强：好，先要这些吧，不够再点。

服务员：好的。你要的是三十个羊肉串儿，两个鸡翅，两个鸡腿儿，两瓶啤酒。

孙　强：没错儿。

(道端の露店で)
店員：いらっしゃいませ。ご注文なさいますか。

孫強：はい。張雲、何を注文しようか。
張雲：君が頼めよ。君が注文したものなら何でも食べるよ。

孫強：うん。じゃあ僕が注文するよ。羊肉串30本、鶏の手羽2つ、鶏のもも肉2つ。酒は飲むかい。

張雲：ビールを2本頼もうよ。

孫強：うん。とりあえずこれくらいにしよう。足りなければまた注文します。

店員：分かりました。羊肉串30本、鶏の手羽2つ、鶏のもも肉2つ、ビール2本ですね。

孫強：その通りです。

服务员：你们先喝点儿水。稍等，马上就来。	店員：まずお茶（または水）をどうぞ。少しお待ちください。すぐにお持ちしますから。

スキット3　我想吃京酱肉丝
京醤肉絲が食べたいわ

（在饭店）	（レストランで）
男：这是菜单，你看看你想吃什么？	男：これがメニューだよ。何を食べる？
女：我想吃东坡肘子和京酱肉丝。	女：東坡肘子と京醤肉絲が食べたいわ。
男：都是肉菜呀，那么我再要两个凉菜吧。	男：どっちも肉料理だね。じゃあ冷菜を2つくらいとろうよ。
女：那就再要两个凉菜吧。	女：じゃあ冷菜を2つとりましょう。
男：再点点儿什么呢？	男：ほかにも何か頼むかい。
女：都这么多了，还要啊！行了，不够过会儿再要吧，先这样吧。	女：こんなにたくさんなのに、まだ頼むの？もういいわよ。足りなかったら後でまた頼みましょう。今はこれだけにしましょう。
男：那也好。	男：それでもいいよ。

文法解説

1 那可太好了!（それは素晴らしいわ）
可……了：強調の語気を表す。
(例) 雨可大了。
　　　雨がずいぶん強い。

2 一切都听你的（君の言うとおりにするよ）
听你的："听+代名詞または名詞+的"の形で、代名詞または名詞の表すだれかの指揮に従うこと、意見を受け入れることを表す。"听"は服従すること、従順であることを表している。
(例) 好，听您的，您说什么时候就什么时候。
　　　分かりました。あなたに従います。あなたが何時と言ったらその時刻に決めましょう。

3 外表看起来还不错（外見を見る限りでは良いようです）
起来：動詞の後に置いて方向補語となる。動作の開始や持続、完成を表す。ここでの"看起来"は、物事に関する推測や判断を表す。
(例) 说起来容易，做起来难。
　　　言うのは簡単だが、実行するのは難しい。

4 你点什么我吃什么（あなたが注文したものをなんでも食べます）
什么：ここではそれぞれ"点"と"吃"の目的語となっており、任意の何か、すなわちここではレストランの料理のうちどれかを指している。2つの動詞の後に目的語として同一の疑問代名詞が置かれると、この2つの目的語は同一の人や物事を指し、2つの動詞フレーズが呼応していることが分かる。
(例) 你愿意怎么去就怎么去。
　　　あなたが行きたい方法で私も行く。

5 来两瓶啤酒吧（ビールを2本頼もうよ）
来：ここでは"要"（頼む、もらう）の意味で、レストランで注文する時や店で食品や飲料を購入する時によく用いられる。身近な日用品などを購入する時には"买"ではなく"要"や"来"が用いられることが多い。
(例) 服务员，来一瓶可乐，再来一个炸鸡腿儿。
　　　店員さん、コーラ1本、それからフライドチキンを1つください。

6　先要这些吧，不够再点

（まずはこれくらい頼みましょう。足りなかったらまた注文します）

先……再……：時間や動作の前後の順序を表す。

（例）你先放酱油再放醋。

さきに醤油を入れ、次に酢を入れてください。

7　都这么多了，还要啊！

（もうこんなにたくさんあるのに、まだ頼むのですか）

"都"と"了"の間には時間詞や数量詞が置かれることが多く、時間が遅いこと、年齢が高いこと、数量が多いことなどを表す。"都"には「すでに」の意味があり、強調の効果がある。

（例）都十二点了，快睡吧!

もう12時だ。早く寝よう。

練習の問題文と解答

【練習1】

1　2人はなぜレストランで食事をするのか
　因为王刚今天刚发了工资。
2　刘梅は今日の食事にどんな条件を要求したか　**小饭馆儿她可去，得吃一顿好的。**
3　男性は刘梅の要求に応えたか　**答应**
4　2人が入ったレストランはどんな店か
　外表看起来还不错，就是不知道菜做得怎么样。

【練習2】

1　谁点的菜?（誰が注文したか）
　B．もう一人の男性
2　他们没点下面哪个菜?（次の料理のうち彼らが注文しなかったのはどれか）
　C．鶏の首
3　他们点了什么喝的东西?（彼らは何か飲み物を注文したか）　**B．ビール**

【練習3】

羊肉串儿　鸡翅　鸡腿儿　啤酒

【練習4】

1　○
　男的和女的在饭馆儿吃饭。（男性と女性は食事のためレストラン来ている）
2　×
　女的不太想吃肉菜。（女性はあまり肉料理を食べたくない）
3　×
　男的喜欢吃凉菜。（男性は冷菜が好きだ）
4　○
　他们一共要了四个菜。（2人は4つの料理を注文した）
5　×
　男的觉得四个菜足够了。（男性は4つの料理で足りると考えている）
6　×
　女的觉得四个菜可能不够，她想一会儿再要点儿别的菜。（女性は4つの料理では足りないと思い、後でまた別の料理を注文しようと考えている）

第十三课 约会与邀请 | 待ち合わせ、おもてなし

【常用句】この課に出てくるキーフレーズを覚えましょう　080

1-1 我有两张电影票，一起去看怎么样？
Wǒ yǒu liǎng zhāng diànyǐngpiào, yìqǐ qù kàn zěnmeyàng?
映画のチケットを2枚持っているのですが、一緒に観に行きませんか。

1-2 晚上8点开始，我们7点走就可以。
Wǎnshang bā diǎn kāishǐ, wǒmen qī diǎn zǒu jiù kěyǐ.
夜8時開始なので、7時に出発すれば大丈夫です。

1-3 有681的直达。　Yǒu liùbāyāo de zhídá.
681号の直通バスがあります。

1-4 那我们说好了，明天晚上7点我在食堂门口等你。
Nà wǒmen shuōhǎo le, míngtiān wǎnshang qī diǎn wǒ zài shítáng ménkǒu děng nǐ.
じゃあ、決まりですね。明日の夜7時に食堂の入り口でお待ちします。

1-5 不见不散。Bú jiàn bú sàn.
互いに会うまでは立ち去りません（＝約束どおり必ずそこで会いましょう）。

2-1 你太见外了，下次可不能这样了啊，要不然我可生气了。
Nǐ tài jiànwài le, xià cì kě bù néng zhèyàng le a, yàoburán wǒ kě shēngqì le.
ずいぶん他人行儀ですね。次回からはこんなことをしないでくださいね。さもなければ怒りますよ。

2-2 下不为例啊。　Xià bù wéi lì a.
次からはこれを例としない（＝次回は同じことをしないでくださいね）。

2-3 这是龙井茶，我朋友给我带的，一直也没舍得喝。
Zhè shì lóngjǐngchá, wǒ péngyou gěi wǒ dài de, yìzhí yě méi shěde hē.
これは龍井茶です。知り合いからのいただきもので、もったいなくてずっと飲めませんでした。

3-1 咱明天晚上去看京剧吧！　Zán míngtiān wǎnshang qù kàn jīngjù ba!
明日の夜、京劇を観に行きましょう。

3-2 明天咱们一起打车去，怎么样？　Míngtiān zánmen yìqǐ dǎ chē qù, zěnmeyàng?
明日は一緒にタクシーで行ってはいかがでしょうか。

实况录音 1 | **我有两张电影票**
081 | 友達を映画に誘います

【练习1　选择正确答案】　082
問題を聞き、スキットにあてはまるものを選びましょう。

1　A. 今晚 7 点　　B. 明晚 7 点　　C. 今晚 8 点　　D. 明晚 8 点
2　A. 成龙主演　　B. 名字叫《成龙》
　　C. 可能是一个武打片　　　D. 是个新片
3　A. 坐出租车　　B. 坐公共汽车　　C. 坐地铁　　D. 骑自行车
4　A. 吃饭　　　　B. 看电影　　　　C. 见面　　　D. 坐车

単語

成龙 Chéng Lóng：(人名) ジャッキー・チェンの中国名。成龍
直达 zhídá：直通する
食堂 shítáng：食堂
不见不散 bú jiàn bú sàn：相手に会うまでは散会しない（＝約束を違えず必ずそこで会おう）

实况录音 2 | **快请屋里坐**
083 | 友達を家に招きました

【练习 2　回答问题】
質問に中国語で答えましょう。

1 他们在哪儿谈话?
2 客人带的是什么礼物?
3 主人对客人带礼物来是什么态度?
4 主人请客人喝的是什么茶?
5 这茶是主人自己买的吗?
6 客人认为这茶的味道怎么样?

単語

见外 jiànwài：他人行儀にふるまう。過剰な敬意を表す
要不然 yàoburán：そうでなければ
下不为例 xià bù wéi lì：二度と同じことはしない
龙井茶 lóngjǐngchá：ロンジン茶（浙江省杭州の銘茶）
舍得 shěde：惜しまない
爽口 shuǎngkǒu：爽やかでおいしい

实况录音 3 | 明天 6 点，学校门口见
084 京劇を観に行くことになりました

長安大劇院（北京）

【练习 3　判断下列句子的正误】　　**085**
読み上げる文章がスキットと合っていれば〇、間違っていたら×を書きましょう。

1 ____　2 ____　3 ____　4 ____　5 ____

6 ____　7 ____

単語

京剧　jīngjù：京劇（伝統的古典演劇の一つ）

《将相和》Jiàngxiànghé：京劇の演目『将相和』

剧场　jùchǎng：劇場

中国大戏院　Zhōngguó Dàxìyuàn：中国大劇院

打车　dǎ chē：タクシーで行く。タクシーをひろう

约会与邀请

スキット1　我有两张电影票
映画のチケットを2枚持っています

(在校园)
男同学：明天晚上有空儿吗？
女同学：什么事啊？
男同学：哦，我有两张电影票，哦，一起去看怎么样？

女同学：嗯，谁的呀？

男同学：成龙的新片。
女同学：哎呀，我最喜欢成龙了，明天晚上几点的？

男同学：晚上8点开始，我们7点走就可以。
女同学：嗯，行。那我们怎么去啊？

男同学：有681的直达。
女同学：嗯，好的。
男同学：那我们说好了，明天晚上7点我在食堂门口等你。

女同学：嗯，不见不散。

(キャンパスで)
男子学生：明日の夜、暇があるかい。
女子学生：どうしたの。
男子学生：うん、映画のチケットを2枚持ってるんだ。ええと、一緒に観に行かないか。

女子学生：ふーん、誰の(出ている映画)なの。

男子学生：ジャッキー・チェンの新作さ。
女子学生：まあ、わたしジャッキー・チェン大好きなの。明日の夜、何時の(回)なの。

男子学生：夜8時開始だから、7時に出発すれば大丈夫だよ。
女子学生：ええ、いいわよ。それで、どうやって行くの。

男子学生：681号の直通バスがあるよ。
女子学生：うん、分かった。
男子学生：じゃあ、決まりだね。明日の夜7時に食堂の入り口で待ってるよ。

女子学生：うん。きっとね。

スキット 2　快请屋里坐
どうぞ中に入ってお座りください

(在朋友家里)
主人：欢迎！欢迎！快请屋里坐。

客人：好的。
主人：你这是做什么？

客人：给小孩儿买了点儿吃的。

主人：你太见外了，下次可不能这样了啊，要不然我可生气了，下不为例啊。

客人：知道了。
主人：来，来，快坐这儿，喝茶。

客人：这茶真香啊！
主人：还行，这是龙井茶，前段时间我朋友给我带的，一直也没舍得喝。尝尝怎么样？

客人：嗯，真的很好喝，很爽口，好茶，好茶。

(友人の家で)
主人：いらっしゃい、ようこそ。どうぞ中で座って。

客　：はい。
主人：これは何てことをしたの（＝いったい何を持ってきたの）。

客　：お子さんにちょっとおやつを買ってきたのよ。

主人：他人行儀よ。次からはこんなことをしないでね。でないと怒るから。今回だけよ。

客　：分かったわよ。
主人：どうぞ、こちらへ。ここに座って。お茶をどうぞ。

客　：このお茶はいい香りね。
主人：なかなかね。龍井茶なの。少し前に、知り合いからいただいたんだけれど、もったいなくてずっと飲んでいなかったの。お味はどうかしら？

客　：ああ、とってもおいしいわ。さわやかね。とてもいいお茶ね。

スキット 3　明天6点，学校门口见
明日の6時に、校門で会いましょう

甲：咱明天晚上去看京剧吧！

乙：明天晚上几点？
甲：7点。
乙：什么名字？
甲：《将相和》。
乙：在哪个剧场？
甲：在中国大戏院，和平路附近。明天咱们6点在学校门口见面，然后一起打车过去，怎么样？

乙：那好吧。明天6点，学校门口儿。

甲：是的，明天见。

A：明日の夜、京劇を観に行きましょうよ。

B：明日の夜、何時？
A：7時よ。
B：なんていう演目？
A：『将相和』よ。
B：どこの劇場？
A：中国大劇院。和平路の近くよ。明日私たちは6時に校門で待ち合わせて、それから一緒にタクシーでいくのはどうかしら。

B：それがいいわね。明日6時に、校門ね。

A：そう。じゃあ明日ね。

文法解説

1 有681的直达（681号の直通バスがあります）
直达：ノンストップで到着すること。681号バスで目的地に直接行くことができ、途中で乗り換える必要がないことを表している。

2 不见不散（約束どおり必ずそこで会いましょう）
不见不散：待ち合わせをするときの常套句。「約束の相手に会うまでは、約束の場所を離れてはならない」という意味である。
（例）明天早上八点在校门口，我们不见不散。
　　　明日朝8時に校門で、きっと約束どおりに会いましょう。

3 你太见外了（ずいぶん他人行儀ですね）
见外：親しくない人であるかのように友人に接すること。"**你太客气了**"（遠慮が過ぎますよ）という意味である。
（例）到我这儿大家别见外，就像到自己家一样。
　　　我が家では皆さん遠慮なさらず、自分の家だと思ってくつろいでください。

4 要不然我可生气了（さもなければ怒りますよ）
要不然：もしもそうでなければ、という意味。書き言葉では"**否则**"が多く使われる。
（例）你不回家就给妈妈打个电话，要不然她不放心。
　　　家に帰らないのなら、お母さんに電話しなさい。そうでないと心配なさるから。

文化解説

1 你这是做什么?（いったい何を持ってきたの）
中国では、誰かの家に招かれた時や誰かを訪ねる際に土産を持って行くことが多い。この時、客を迎える主人側がしばしば"**你这是做什么?**"（いったい何をしているのか）や"**你这是干什么?**"（いったいこれは何か）と言う。これは問いを発しているのではなく、また答える必要もない決まり文句の一種である。「ここに来るときには土産を持ってくる必要はない」という意味を表している。

2 《将相和》（京劇の演目『将相和』）
『将相和』は歴史故事を京劇に仕立てた演目で、次のような筋立て。戦国時代、趙国の藺相如はしばしば大功を立てて宰相となった。しかし大将軍の廉頗はそれを不服とし、何度も藺相如を辱めようとす

る。藺相如は国事を第一と考え、廉頗と争うことはしなかった。後に廉頗は己の過ちを認め、自ら荊を背負って罪を詫びた。かくして最後には将相（将軍と宰相）が相和すこととなる。

練習の問題文と解答

【練習1】

1 电影什么时候开演？（映画は何時に上映されるか）　D．明晩8時
2 关于电影，下面哪个说法不正确？（映画について、当てはまらないのはどれか）
　　B．タイトルが『ジャッキー・チェン』だ
3 他们决定怎么去看电影？（2人はどうやって映画を観に行くか）　B．バスで
4 明天晚上他们去食堂干什么？（明日の夜、2人は食堂で何をするか）　C．会う

【練習2】

1 2人はどこで会話しているか　在家里
2 客が持ってきたのはどんな土産か
　吃的东西。(食品)
3 主人は客が土産を持参したことに対してどのような態度か　主人觉得客人太见外，太客气了。
4 主人が客に飲ませたのはなんのお茶か
　龙井茶
5 このお茶は主人が自分で買ったものか
　不，她朋友给她带的。
6 客はこのお茶の味をどう思ったか
　认为真的很好喝。

【練習3】

1 ○
　明天她们要去看京剧。(2人は明日京劇を観にいく)
2 ×
　京剧是明晚7点半的。(京劇は明日の夜7時半からだ)
3 ○
　京剧的名字叫《将相和》。(京劇の演目は『将相和』だ)
4 ×
　京剧在和平路剧场演出。(京劇は和平路劇場で上演される)
5 ×
　中国大剧院在和平路上。(中国大劇院は和平路にある)
6 ○
　她们打算明晚6点在学校门口见面后一起去。(2人は明日夜6時に校門で待ち合わせて一緒に行く予定だ)
7 ×
　她们打算坐公共汽车去。(2人はバスで行く予定だ)

第十四课 请假与迟到 | 欠席する、遅刻する

【常用句】この課に出てくるキーフレーズを覚えましょう　086

1-1 我想麻烦你一件事儿。　Wǒ xiǎng máfan nǐ yí jiàn shìr.
お願いしたいことが1つあります。

1-2 我想让你帮我向老师请个假。
Wǒ xiǎng ràng nǐ bāng wǒ xiàng lǎoshī qǐng ge jià.
私の代わりに先生に欠席を知らせてほしいのですが。

1-3 我想去医院做一个全面的检查。
Wǒ xiǎng qù yīyuàn zuò yí ge quánmiàn de jiǎnchá.
病院に行き全体的な検査をしてもらおうと思っています。

1-4 你真应该去医院看一下儿。　Nǐ zhēn yīnggāi qù yīyuàn kàn yíxiàr.
まさしくあなたは病院で診てもらうべきです。

1-5 用不用我找个同学和你一块儿去？
Yòng bu yòng wǒ zhǎo ge tóngxué hé nǐ yíkuàir qù?
あなたと一緒に行く（付き添いの）同級生を誰か探す必要はありますか。

2-1 我身体有点儿不舒服，我想先走一会儿。
Wǒ shēntǐ yǒudiǎnr bù shūfu, wǒ xiǎng xiān zǒu yíhuìr.
私はすこし具合が悪いので、早めに行こう（＝立ち去ろう）と思います。

2-2 身体不舒服也要先请假。　Shēntǐ bù shūfu yě yào xiān qǐngjià.
具合が悪くても、まずは申し出なければなりません。

3-1 是你闹表没电了呀，还是你自行车坏了？
Shì nǐ nàobiǎo méi diàn le ya, háishi nǐ zìxíngchē huài le?
目覚まし時計の電池切れですか、それとも自転車が壊れたのですか。

3-2 真对不起，我不是故意的。　Zhēn duìbuqǐ, wǒ bú shì gùyì de.
申し訳ありません、わざとではないのです。

3-3 请你原谅，下次我再也不迟到了。
Qǐng nǐ yuánliàng, xià cì wǒ zài yě bù chídào le.
どうかお許し下さい。次回からはもう二度と遅刻しません。

实况录音 1 | **帮我向老师请个假**
087 | 先生への伝言を頼みました

【练习 1　选择正确答案】　088
問題を聞き、スキットにあてはまるものを選びましょう。

1　A. 让班长找个人和她去看病　　B. 向班长请假
　　C. 让班长帮她向老师请假　　D. 问班长有没有药
2　A. 在宿舍休息　　　　　　　　B. 去买药
　　C. 和同学一起去看病　　　　　D. 去医院做全面检查
3　A. 头疼、发烧　　　　　　　　B. 嗓子不疼
　　C. 吃药后好了一些　　　　　　D. 可能是感冒

単語

请假 qǐngjià：欠席・早退を届け出る　　管用 guǎnyòng：役に立つ
麻烦 máfan：面倒をかける。手間　　　全面 quánmiàn：全体的な

请假与迟到

实况录音 2
089

我想先走一会儿

王家強が授業を抜け出そうとしています

【练习 2　判断下列句子的正误】　　090

読み上げる文章がスキットと合っていれば○、間違っていたら×を書きましょう。

1 _____　　2 _____　　3 _____　　4 _____

5 _____　　6 _____　　7 _____　　8 _____

単語

应付　yìngfu：対処する、対応する
王家强　Wáng Jiāqiáng：(人名) 王家强
厉害　lìhai：ひどい。すごい

课堂　kètáng：教室
纪律　jìlǜ：決まり、規律
私自　sīzì：勝手に、許可無く

实况录音 3 | **你怎么又迟到了**
091 | 先生が出欠を取っています

【练习 3　回答问题】
質問に中国語で答えましょう。

1　谁迟到了?
2　赵霞经常迟到吗?
3　以前赵霞为什么迟到?
4　这次迟到的原因是什么?
5　你觉得赵霞经常迟到的原因是什么?
6　你觉得今后赵霞还会经常迟到吗?

单語

张倩　Zhāng Qiàn：(人名) 張倩
刘小菲　Liú Xiǎofēi：(人名) 劉小菲
赵霞　Zhào Xiá：(人名) 趙霞

闹表　nàobiǎo：目覚まし時計
故意　gùyì：わざと、故意に
原谅　yuánliàng：許す
忘记　wàngjì：忘れる

请假与迟到 | 113

スキット1　帮我向老师请个假
私の代わりに先生に欠席を知らせてください

（在教学楼前）
同学：班长，我想麻烦你一件事儿。

班长：干什么？
同学：我想让你帮我向老师请个假。

班长：怎么了？
同学：我身体不舒服。
班长：哪儿不舒服啦？
同学：头疼，嗓子疼。
班长：是不是感冒了呢？
同学：可能是吧，但是吃药不管用，所以我想去医院做一个全面的检查。

班长：哦，那真应该去医院看一下儿。用不用我找个同学和你一块儿？

同学：啊，不用了，谢谢班长。

班长：噢，好，你快去吧，我去和老师请假。
同学：噢，好，班长再见。
班长：再见。

（事務室棟の前で）
同級生：委員長、お願いしたいことが1つあるの。
委員　：なんだい。
同級生：私の代わりに先生に欠席を知らせてくれないかしら。
委員　：どうしたんだい。
同級生：体の具合が悪いの。
委員　：どこが具合悪いんだい。
同級生：頭痛がして、喉が痛いの。
委員　：風邪をひいたのかな。
同級生：たぶんそうね。でも薬を飲んでも効かないから、病院に行って全体的に検査してもらおうと思っているの。
委員　：そうか、じゃあ病院に行って診てもらうといいね。だれか同級生に君と一緒に行ってもらおうか。
同級生：ああ、その必要はないわ。ありがとう、委員長。
委員　：うん、じゃあ、君は行きなよ。先生には僕が知らせるよ。
同級生：うん、わかった。じゃあね。
委員　：じゃあね。

スキット2　我想先走一会儿
私は少し早めに出て行きます

（教室里，老师正在讲课）
王家强：哎，还有十分钟下课了，我有点事儿，我先走，要是老师点名的话，你帮我应付一下儿。

女同学：好的，你走吧。
王家强：走啦。
女同学：嗯。
老　师：哎？王家强，你干什么去？

（講義中の教室で）
王家強：ねえ、あと10分で授業が終わるんだけど、僕は用があってもう行くから、もし点呼があったら、うまいことしてくれよ。

女子学生：分かったわ。行っていいわよ。
王家強：じゃあね。
女子学生：うん。
教員　　：あら、王家強、どこに行くの。

王家强：老师，对不起，我身体有点儿不舒服，我想先走一会儿。	王家強：先生、すみません、僕はちょっと具合がわるいので、早めに出ようと思いました。
老　师：你身体又不舒服啦？嗯，马上就下课啦，你把课上完再走吧。	教員　：また具合が悪いのですか。もうすぐ授業が終りますから、終わってから行きなさい。
王家强：老师，我受不了了，疼得厉害。	王家強：先生、もう苦しいんです。痛みがひどいんです。
老　师：那好吧，你先走吧。但是下次呢，你要注意课堂纪律。身体不舒服也要先请假，不能私自走啊。	教員　：じゃあ、いいでしょう。行きなさい。でも次回からは、教室のルールに注意してください。具合が悪かったら、まずは申し出ること。勝手に出ていってはなりませんよ。
男同学：哎，呵呵，谢谢老师，老师再见。	王家強：ああ、はい、ありがとうございます、先生。さようなら。

スキット3　你怎么又迟到了
また遅刻ですか

（上课了，老师在点名）	（授業中、教員が点呼をとっている）
老师：张倩。	教員：張倩。
张倩：到。	張倩：はい。
老师：刘小菲。	教員：劉小菲。
刘小菲：到。	劉小菲：はい。
老师：赵霞，赵霞，哎，赵霞来了吗？咳，这孩子。李……	教員：趙霞、趙霞、おや、趙霞はいるか？　まったくあの子は。李……
赵霞：到！到！到！	趙霞：はい！　来ました！　来ました！
老师：哎，赵霞，你怎么又迟到了？这一次是你闹表没电了呀，还是你自行车坏了？	教員：ああ、趙霞、どうしてまた遅刻したんだい。こんどは目覚まし時計の電池切れかい、それとも自転車が壊れたのかい。
赵霞：老师，真对不起，我不是故意的。我忘记带书，又回家拿去了，真对不起啊，老师，你原谅我吧，我下次再也不迟到了。	趙霞：先生、ほんとうにすみません。わざとではないんです。本を持って出るのを忘れたので、取りに帰ったんです。本当にすみません、先生。どうかお許しください。次からはもう遅刻しません。
老师：好吧，好吧，就信你最后一次了啊，以后不许再迟到了。	教員：わかった、わかった。これが最後の1回だと信じよう。次からは遅刻してはいかんよ。
赵霞：谢谢老师。	趙霞：ありがとうございます、先生。

文法解説

1 我想让你帮我向老师请个假
（私の代わりに先生に欠席を知らせてほしいのです）
我想：〜を希望する、〜したい、〜するつもりだ、という意味。丁寧で婉曲な語気である。
（例）我想明天去北京。
　　　明日、北京に行くつもりです。
请假：動詞と名詞からなる離合詞で、間には量詞など他の語がしばしば挿入される。離合詞の例："**唱(首)歌**"（歌をうたう）、"**理(个)发**"（散髪する）、"**喝(杯)水**"（水を飲む）、"**游(一会儿)泳**"（泳ぐ）、など。

2 吃药不管用（薬を飲んでも効き目がない）
管用：効果や影響があるという意味で、話し言葉でよく用いられる。
（例）要想学好汉语口语，光听录音不管用，要多和中国人交谈。
　　　中国語会話を身につけたいのならば、録音教材を聞いてばかりでは役に立ちません。中国人とたくさん会話をしなければなりません。

3 你真应该去医院看一下儿
（まさしくあなたは病院で診てもらうべきです）
真：たしかに、じつに、という意味。動詞か形容詞の前に用い、強調の働きをする。
（例）他真是个好孩子。
　　　あの子はほんとうにいい子だ。

4 要是老师点名的话，你帮我应付一下儿
（もし先生が点呼をとったら、僕のためにどうにかしてください）
"**要是……的话**"：仮定を表している。"**要是**"と"**……的话**"は同時に用いてもよいし、どちらか一方を省略してもよい。
（例）要是下雨的话，我们就不去长城了。
　　　要是下雨，我们就不去长城了。
　　　下雨的话，我们就不去长城了。
　　　もし雨になったら、長城には行きません。

5 你干什么去？（何をしに行くのですか）

去：方向補語。なにかをする際に、話し手から見て離れる方向に動作が移動していくことを表す。

（例）我买东西去。
　　　私は買い物に行きます。

6 我受不了 (liǎo) 了（もう耐えられません）

受不了："不了"は"受"（耐え忍ぶ、我慢する）の可能補語。ある動作や変化を継続することが不可能であることを表す。肯定形は、"V +**得了**"。

（例）你点了那么多菜，我们肯定吃不了。
　　　そんなにたくさんの料理を頼んで、きっと食べきれないと思いますよ。

7 疼得厉害（ひどく痛い）

厉害：よく"形容詞+**得**"フレーズの後に置かれ程度補語となり、程度が高いことを表す。"**疼得厉害**"は、痛みの程度が高いことを表している。

（例）他吃药后疼得不太厉害了。
　　　彼は薬を飲んだ後には痛みがそれほどひどくはなくなりました。

8 **身体不舒服也要先请假，不能私自走啊**

（具合が悪くても、まずは申し出なければなりません。勝手に出ていってはいけません）

私自：自分で決めて何かを行うこと。上司や関係者の許可や事前の相談なしに独断で行われる行為は正当性・合法性に欠けることが多いため、マイナスのイメージを持つ語。

（例）他没向任何人请假，私自回国了。
　　　彼は誰にも届出をせずに、勝手に帰国してしまった。

9 这孩子（まったくこの子は）
目上の人が目下の人に対して不満を表す言い方。表面的に不満を表しているにすぎない場合もある。類似の用法に"**这姑娘**"（この娘っ子は）、"**这小子**"（この若造は）などがある。"**这**"は"zhèi"と発音する。
（例）你这小子，没事儿的时候从不肯到我家来。
　　　この若造は、用事がなければうちに来たためしがない。

10 是你闹表没电了呀，还是你自行车坏了?
（目覚まし時計の電池切れですか、自転車が壊れたのですか）
"**是……还是……**"：選択疑問文で、2つの可能性をつなぎあわせ、問いに答える人がそのうちの1つを選ぶよう要求する文型。
（例）他是学生还是老师？
　　　彼は学生ですか、教員ですか。

11 就信你最后一次了啊（最後の1回だと信じましょう）
信：信じる、信頼する、の意味で話し言葉で用いられる。この例文は「これまで何度もあなたを信用してきたが、いつも失望させられる。これが最後のチャンスですよ」という意味で、最後だという事が強調されている。
（例）我以前挺信这种药的，现在怎么不管用了。
　　　以前はこの薬をとても信頼していましたが、今はさっぱり効果がなくなりました。

練習の問題文と解答

【練習1】

1 这位同学麻烦班长什么事？（女子学生は委員長になにを頼んだか）　C．自分の代わりに先生に欠席を知らせる
2 这位同学请假去干什么？（女子学生は欠席して何をしに行くか）
　　D．病院に全体的な検査をしに行く
3 关于这位同学的病，下面哪个说法是正确的？（女子学生の病気について、正しいのは次のうちどれか）　D．おそらく風邪だ

【練習2】

1 ○
　　王家强有点事儿，想早走一会儿。（王家強は用事があるので、早めに教室を出たい）
2 ×
　　王家强身体不舒服，想早点儿走。（王家強は具合が悪いので、早めに教室を出たい）
3 ×
　　点名时，王家强想应付一下儿老师。（点呼の際、王家強は教員に対応を頼みたい）
4 ×
　　女同学不愿意帮助王家强。（女子学生は王家強を助けようと思わない）
5 ○

王家强上课的时候经常早走。（王家強はしばしば授業を早く抜ける）
6 ×
　　王家强病得很厉害。（王家強の病状は重い）
7 ○
　　老师有点儿不相信王家强。（教員は王家強をあまり信用していない）
8 ×
　　老师没让王家强走。（教員は王家強の退室を許さなかった）

【練習3】

1 誰が遅刻したか　趙霞
2 趙霞はしばしば遅刻するか
　　对，她经常迟到。
3 趙霞は以前、どんな理由で遅刻したか
　　她闹表没电了，还有她自行车坏了。
4 今回の遅刻の理由は何か
　　她忘记带书，又回家拿去了。
5 趙霞がしばしば遅刻する理由は何だと思うか　我觉得她可能睡得晚。
6 趙霞は今後もしばしば遅刻すると思うか
　　我觉得她再也不迟到了。／我觉得今后她也一定迟到。

第十五课 餐饮（二） | 飲食 (2)

【常用句】この課に出てくるキーフレーズを覚えましょう　　092

1-1 请您到这边点餐。　Qǐng nín dào zhè biān diǎn cān.
どうぞこちらでご注文ください。

1-2 您是在这儿用，还是带走？　Nín shì zài zhèr yòng, háishi dài zǒu?
お客様はこちら（店内）でお召し上がりですか、それともお持ち帰りになりますか？

1-3 收您 30，找您 1 块。　Shōu nín sānshí, zhǎo nín yí kuài.
30 元をお預かりし、1 元（のお釣り）をお返しします。

2-1 "三绝"是天津最有名的三种小吃。
"Sān jué" shì Tiānjīn zuì yǒumíng de sān zhǒng xiǎochī.
「三絶」は天津で最も有名な三種の軽食だ。

2-2 在哪儿能够吃到呢？　Zài nǎr nénggòu chīdào ne?
どこで食べることができるの？　　　　　　　　＊能够 nénggòu：～できる

2-3 正巧我们学校附近就有一家狗不理大酒楼。
Zhèngqiǎo wǒmen xuéxiào fùjìn jiù yǒu yì jiā Gǒubùlǐ dàjiǔlóu.
ちょうど私たちの学校の付近に狗不理大酒楼がある。

2-4 那儿的味道相当棒！　Nàr de wèidao xiāngdāng bàng!
そこ（その店）の味はとてもいいよ！

3-1 听说这儿的烤火鸡很有名，要不要尝尝？
Tīngshuō zhèr de kǎohuǒjī hěn yǒumíng, yào bu yào chángchang?
ここ（この店）の"烤火鸡"は有名らしいけれど、味見してみるかい？

3-2 我喜欢吃素食。　Wǒ xǐhuan chī sùshí.
私は菜食が好きだ。

3-3 你也来一杯橙汁儿，怎么样？　Nǐ yě lái yì bēi chéngzhīr, zěnmeyàng?
あなたもオレンジジュースを 1 杯飲むのはどう？

实况录音1	我要巧克力的
093	ファーストフード店で注文しています

【练习1　选择正确答案】　094

問題を聞き、スキットにあてはまるものをえらびましょう。

1　A. 汉堡　　　　B. 可乐　　　　C. 薯条　　　　D. 蛋糕
2　A. 巧克力的　　B. 草莓的　　　C. 橘子的　　　D. 菠萝的
3　A. 30元　　　　B. 29元　　　　C. 31元　　　　D. 28元
4　A. 在店里吃　　B. 带走　　　　C. 在这吃一部分，带走一部分
　　D. 不知道

単語

麦辣鸡腿儿汉堡　màilà jītuǐr hànbǎo：スパイシーチキンバーガー
新地　xīndì：サンデー
菠萝　bōluó：パイナップル
草莓　cǎoméi：イチゴ
深海鳕鱼汉堡　shēnhǎixuěyú hànbǎo：フィレオフィッシュバーガー
推出　tuīchū：勧める、発売する

实况录音 2 | **知道天津小吃有"三绝"吗**
095 | 天津の名物について話しています

狗不理包子店頭（北京）　　麻花

【练习 2　回答问题】
質問に中国語で答えましょう。

1 "三绝"的"绝"字是什么意思?　_____
2 "三绝"都是吃的东西吗?　_____
3 "三绝"指哪三种东西?　_____
4 "三绝"在学校附近都能吃到吗?　_____
5 "三绝"的味道怎么样?　_____
6 在哪儿可以吃到天津"三绝"?　_____
7 你吃过天津"三绝"吗? 你喜欢吗?　_____

> 単語

小吃 xiǎochī：軽食、間食
有名 yǒumíng：有名だ
狗不理包子 gǒubùlǐ bāozi：狗不理ブランドの"包子"（肉餡入り蒸し饅頭）。天津の名物
十八街麻花 shíbājiē máhuā：十八街ブランドのツイスト状揚げ菓子。天津の名物

耳朵眼儿炸糕 ěrduoyǎnr zhágāo：耳朵眼ブランドの小豆餡入り揚げ餅。天津の名物
正巧 zhèngqiǎo：ちょうど
味道 wèidao：味
相当 xiāngdāng：とても、かなり
棒 bàng：優れている
南市食品街 Nánshì Shípǐn Jiē：美食街として知られる天津のショッピングストリート

实况录音 3 | 我喜欢吃素食
096 バイキングレストラン "金汉斯" に来ました

【练习3　判断下列句子的正误】　**097**
読み上げる文章がスキットと合っていれば○、間違っていたら×を書きましょう。

1 _____　2 _____　3 _____　4 _____　5 _____

【练习4　说说在这家餐厅她们都吃了什么】
彼女たちがこのレストランで何を食べたか中国語ですべて書きましょう。

_____

_____

単語

金汉斯 Jīnhànsī：中国のレストラン・チェーン、金漢斯。英語表示は Golden Hans
素食 sùshí：菜食
蔬菜 shūcài：野菜
沙拉 shālā：サラダ
饱 bǎo：満腹である
鲜榨 xiānzhà：(生の果物を) 絞る
橙汁儿 chéngzhīr：オレンジジュース

スキット1 | 我要巧克力的
チョコレートのにします

(在麦当劳)
服务员：请您这边点餐。请问您需要什么?
顾　客：嗯，我要一个麦辣鸡腿儿汉堡，一个新地，一杯大可乐和一包儿中薯条儿。
服务员：新地有巧克力、菠萝、草莓三种口味，您需要哪种?
顾　客：我要巧克力的。
服务员：我们现在新推出了深海鳕鱼汉堡您需要吗?
顾　客：不需要了，谢谢。
服务员：您是在这儿用，还是带走?
顾　客：在这儿。
服务员：您要的是一个麦辣鸡腿儿汉堡，一个巧克力新地，一杯大可乐，一包儿中薯条儿，一共29。
顾　客：好，给您。
服务员：收您30，找您1块。
顾　客：好的，谢谢。

(マクドナルドで)
店員：こちらでご注文ください。何をお求めですか?
客　：えーと、スパイシーチキンバーガー1つと、サンデー1つと、コーラのLを1つと、ポテトのMを1つ下さい。
店員：サンデーにはチョコレート風味、パイン風味、ストロベリー風味の3種類がございますが、どれになさいますか?
客　：チョコレートのにします。
店員：新発売のフィレオフィッシュバーガーはいかがですか?
客　：いりません。
店員：店内でお召し上がりですか? お持ち帰りですか?
客　：店内で。
店員：スパイシーチキンバーガー1つ、チョコレートサンデー1つ、コーラのMを1つ、ポテトのMを1つ、全部で29元です。
客　：はい。どうぞ。
店員：30元お預かりします。1元お返しします。
客　：はい。どうも。

スキット2 | 知道天津小吃有"三绝"吗
天津の"小吃"に"三绝"があるって知ってる?

(下课休息时)
女同学：知道天津小吃有"三绝"吗?
男同学：当然。是天津最有名的三种小吃。
女同学：那都是哪三种呢?
男同学：狗不理包子、十八街麻花还有耳朵眼儿大炸糕。

(授業の合間に)
女子学生：天津の"小吃"（軽食の名物）に"三绝"があるって知ってる?
男子学生：もちろんさ。天津の有名な軽食三種類のことだよ。
女子学生：その三種類って何と何と何なの?
男子学生：「狗不理包子」「十八街麻花」「耳朵眼儿大炸糕」だよ。

女同学：	在哪儿能吃到呢？	女子学生：	どこで食べられるの？
男同学：	哦，正巧我们学校附近就有一家狗不理大酒楼。	男子学生：	そうだ、ちょうど僕たちの学校の近くに狗不理大酒楼があるよ。
女同学：	那儿味道怎么样？	女子学生：	その店、味はどう？
男同学：	相当棒！	男子学生：	すごく美味しいよ。
女同学：	那好，那下次一起去吧。	女子学生：	よかった。じゃあ今度一緒に行こうよ。
男同学：	没问题。以后有时间我们还可以去南市食品街，那儿的天津小吃全极了！	男子学生：	いいよ。その後で時間があったら、南市食品街に行くのもいいと思うよ。そこは天津の"小吃"がなんでも揃ってるからね！

スキット3　我喜欢吃素食
私は菜食が好きなの

（在自助餐厅）		（バイキング形式のレストランで）	
服务员：	欢迎光临金汉斯！	店員：	金漢斯へようこそ！
女　甲：	听说这儿的烤火鸡很有名，要不要尝尝？	女A：	ここの"烤火鸡"は有名なんだって。食べてみる？
女　乙：	不要了，我喜欢吃素食。	女B：	いらないわ。私、菜食が好きなの。
女　甲：	噢，这样啊，这儿的蔬菜沙拉也很不错，就在那边，我们一起去拿点儿吧。	女A：	あ、そうなんだ。ここの野菜サラダも美味しいわよ。あっちにあるの。一緒に取りに行こうよ。
女　乙：	好啊。	女B：	うん。
女　甲：	嗯……你还要来点儿通心粉吗？	女A：	ええと……、ほかにパスタも取る？
女　乙：	嗯，不，我吃饱了。	女B：	うーん、いらない。お腹いっぱいになったから。
女　甲：	噢，我想喝杯鲜榨橙汁儿，你也来一杯，怎么样？	女A：	そうだ、生オレンジジュースが飲みたいな。あなたも飲まない？
女　乙：	我喜欢水蜜桃汁儿，咱们一块儿去看看吧。	女B：	わたし桃のジュースが好きだから、一緒に見に行こうか。
女　甲：	好，一起去吧。	女A：	うん、一緒に行こう。

文法解説

1 那儿的味道相当棒!（そこ（その店）の味はとてもいいよ）
相当：高い程度に達していることを表す副詞。とても、かなり。"**相当**"と"**很**"によって表されている程度は大差ない。しかし"**很**"は頻繁に用いられるため虚詞化しており、実際の意味を持たず音節としてのみ働いている場合が多く、また、どちらかと言えばフォーマルな場面でよく用いられる。それに対して、"**相当**"は確実に意味を表す働きをする。
（例）见到你我很高兴。／见到你我相当高兴。
　　　お会いできてうれしいです。／あなたに会えて本当にうれしいです。
棒：よい。口語で常用される。

2 听说这儿的烤火鸡很有名
（ここ（この店）の"烤火鸡"は有名らしいけれど、味見してみるかい）
听说：聞くところによると。伝聞であり、自分自身が経験・見聞きしたことではない、という意味を表す。
（例）听说你明天要去北京开会。
　　　君、明日は北京で会議だと聞いたけど。

文化解説

1 "三绝"是天津最有名的三种小吃
（「三絶」は天津で最も有名な三種の軽食だ）
绝：最高の、唯一無二の。"**绝**"はある分野で最も出色であること、他では見られないことを表す。"**黄山四绝**"（安徽省の黄山にある四大奇観）、"**晋祠三绝**"（山西省の晋祠にある三大名物）、"**少林八绝**"（少林武術の八大功夫）など。本文の"**三绝**"は、天津名物の三種の食品"**十八街麻花**""**狗不理包子**""**耳朵眼儿炸糕**"を指す。
小吃：副食や軽食に供する"**包子**"（パオズ）、"**春卷儿**"（春巻き）、"**炸糕**"（あげ菓子）などの総称。また、その土地特有の食品を指すこともある。
（例）小笼灌汤包是开封有名的风味小吃。
　　　"小籠潅湯包"は開封の名物です。

2 我喜欢吃素食（私は菜食が好きだ）
素食：菜食。果物と野菜を中心とし肉類を含まない料理。"**荤食**"（魚や肉など動物性食品を用いた料理）の対義語。

練習の問題文と解答

【練習 1】

1 这位顾客没要下面哪一样食品?（この客が注文しなかったのはどれか）
D．ケーキ
2 新地没有下面哪种口味的?（サンデーにないのはどの風味か）　C．オレンジ
3 这位顾客一共花了多少钱?（この客は全部でいくら使ったか）　B．29 元
4 这位顾客在哪儿用餐?（この客はどこで食事をするか）　A．店内で

【練習 2】

1 "三绝"の"绝"とはどういう意味か
最有名的。
2 "三绝"はすべて食べ物か　对。
3 "三绝"が指している三種類のものを挙げよ　狗不理包子、十八街麻花、耳朵眼儿大炸糕
4 "三绝"は学校の付近で食べることができるか　能吃到。
5 "三绝"の味はどうか　相当棒。
6 天津の"三绝"を食べられるのはどこか
在狗不理大酒楼。
7 あなたは天津"三绝"を食べたことがありますか？　気に入りましたか？
我没吃过。／吃过，很喜欢吃。

【練習 3】

1 ○
这个饭店的名字叫金汉斯。(このレストランの名前は"金汉斯"という）
2 ○
这是个自助餐厅。(ここはバイキング形式のレストランだ）
3 ×
这里的烤鸡很有名。(この店の"烤鸡"は有名だ）
4 ×
两个人都不喜欢吃鸡肉。(2 人とも鶏肉を食べるのを好まない）
5 ○
她们俩都吃蔬菜沙拉。(2 人とも野菜サラダを食べる）
6 ×
两个人都没有吃通心粉。(2 人ともパスタを食べなかった）
7 ○
一个人喜欢喝鲜榨橙汁儿，另一个人喜欢喝水蜜桃汁儿。(1 人は生オレンジジュースを好み、もう 1 人は桃ジュースを好む）

【練習 4】

蔬菜沙拉　通心粉　鲜榨橙汁儿
水蜜桃汁儿

第十六课 住宾馆 | ホテルに泊まる

【常用句】この課に出てくるキーフレーズを覚えましょう　098

1-1 我想预订两个标准间。　Wǒ xiǎng yùdìng liǎng ge biāozhǔnjiān.
スタンダード・ルームを2つ予約したいのです。

1-2 那您什么时候入住呢?　Nà nín shénme shíhou rùzhù ne?
ではいつ宿泊なさいますか。

1-3 现在打折每晚480元，不过黄金周期间不打折，每晚680元。
Xiànzài dǎzhé měiwǎn sìbǎi bāshí yuán, búguò huángjīnzhōu qījiān bù dǎzhé, měiwǎn liùbǎi bāshí yuán.
今は割引で1泊480元ですが、ゴールデンウィークは割引がなく、1泊680元です。

1-4 好吧，那就这样吧。　Hǎo ba, nà jiù zhèyàng ba.
分かりました。ではそのように（＝その値段で）お願いします。

2-1 我们这里有标准间，还有套房，您住哪种呢?
Wǒmen zhèli yǒu biāozhǔnjiān, háiyǒu tàofáng, nín zhù nǎ zhǒng ne?
当ホテルにはスタンダード・ルームとスイート・ルームがありますが、どちらにお泊りになりますか。

2-2 怎么那么贵呢? 我上个月在这儿住才360块钱。
Zěnme nàme guì ne? Wǒ shàng ge yuè zài zhèr zhù cái sānbǎi liùshí kuài qián.
どうしてそんなに高いのですか。先月泊まったときはたった360元でしたよ。

2-3 请您登一下记，您住几天呢?　Qǐng nín dēng yíxià jì, nín zhù jǐ tiān ne?
記帳をお願いいたします。何泊なさいますか。

3-1 我要退房，办一下手续。　Wǒ yào tuì fáng, bàn yíxià shǒuxù.
私はチェックアウトしますので、手続きをお願いします。

3-2 楼上服务员给您检查过房间了吗?
Lóushàng fúwùyuán gěi nín jiǎncháguò fángjiān le ma?
階上の係員がお部屋のチェックをいたしましたか。

3-3 先生，您的发票抬头怎么写呢?　Xiānsheng, nín de fāpiào táitóu zěnme xiě ne?
ミスター（＝お客様）、領収書の宛名はどのように書きましょうか。

实况录音 1 | 标准间每晚多少钱

099

"银河国际宾馆"に予約の電話をしました

【练习1　选择正确答案】 100

問題を聞き、スキットにあてはまるものを選びましょう。

1　A. 1个　　　B. 2个　　　C. 4个　　　D. 他没说
2　A. 打折后 480 元　　　　B. 480 元，可以再打折
　　C. 680 元　　　　　　　D. 打折后 680 元
3　A. 姓王，叫王免贵　　　B. 姓王，叫王贵
　　C. 姓王　　　　　　　　D. 没有提到
4　A. 13712892888　　　　　B. 12712982888
　　C. 13712982888　　　　　D. 13712928880

【练习2　说说这位先生预定房间的情况】

この客の予約情況を日本語でまとめましょう。

_____

_____

単語

预订 yùdìng：予約する
标准间 biāozhǔnjiān：スタンダード・ルーム
入住 rùzhù：宿泊する、チェックインする
打算 dǎsuàn：計画する、予定する
黄金周 huángjīnzhōu：ゴールデンウィーク
期间 qījiān：期間

实况录音 2 | **现在有房间吗**
101
ホテルのフロントで当日予約をしています

【练习 3　回答问题】
質問に中国語で答えましょう。

1　他们想住什么样的房间?
2　标准间每天多少钱?
3　他们觉得贵吗? 为什么?
4　为什么上个月的房价和现在不同?
5　最后他们开房间了吗?
6　他们是几个人，打算住几天?

単語

套房　tàofáng：スイート・ルーム
才　cái：やっと、〜だけ
考虑　kǎolǜ：検討する、熟慮する
开（房间）　kāi (fángjiān)：チェックインする
登记　dēng jì：記帳する、（名前を）登録する

实况录音 3 | 我要退房
102 | チェックアウトします

【练习 4　判断下列句子的正误】　　103
読み上げる文章がスキットと合っていれば○、間違っていたら×を書きましょう。

1 ＿＿　　2 ＿＿　　3 ＿＿　　4 ＿＿　　5 ＿＿
6 ＿＿　　7 ＿＿　　8 ＿＿

単語

退房 tuì fáng：チェックアウトする
加 jiā：加える
发票 fāpiào：領収書
抬头 táitóu：領収書・請求書などの宛名

スキット1　标准间每晚多少钱
スタンダード・ルームは1泊いくらですか

（在打电话）
接待员：喂，你好，银河国际宾馆。
住店者：喂，您好，我想预订房间。

接待员：您几位？
住店者：我们4位，要两个标准间。

接待员：那您什么时候入住呢？
住店者：我们打算5月2日。现在标准间每晚多少钱？
接待员：现在打折每晚480元，不过黄金周期间不打折，每晚680元。

住店者：好吧，那就这样。

接待员：先生，两个标准间，5月2日入住，是吗？
住店者：对。没错。
接待员：先生，您贵姓？您的电话是多少？
住店者：免贵姓王，我的电话是13712982888。
接待员：好的。再见。
住店者：谢谢，再见。

（電話で）
係員：もしもし、こんにちは。銀河国際ホテルです。
客　：もしもし、こんにちは。部屋を予約したいのですが。
係員：何名様ですか。
客　：4名です。スタンダード・ルームを2つお願いしたいのです。
係員：ではいつ宿泊なさいますか。
客　：5月2日の予定です。現在スタンダード・ルームは1泊いくらですか。
係員：今は割引で1泊480元ですが、ゴールデンウィークは割引がなく、1泊680元です。
客　：分かりました。ではその値段でお願いします。
係員：お客様、スタンダード・ルームを2部屋、5月2日にお泊りですね。
客　：はい、その通りです。
係員：お客様、ご名字はなんとおっしゃいますか。電話番号は。
客　：名字は王です。電話番号は13712982888です。
係員：承りました。ありがとうございました。
客　：よろしくお願いします。さようなら。

スキット2　现在有房间吗
今、空き部屋はありますか

（在宾馆）
接待员：您好，欢迎光临。
住店者：您好，现在有房间吗？

接待员：有。您几位？
住店者：两位。
接待员：我们这里有标准间，还有套房，您住哪种呢？

住店者：普通标准间就行。

（ホテルで）
係員：こんにちは。いらっしゃいませ。
客　：こんにちは。今、空き部屋はありますか。
係員：ございます。何名様ですか。
客　：2名です。
係員：当ホテルにはスタンダード・ルームとスイート・ルームがありますが、どちらにお泊りになりますか。
客　：普通のスタンダード・ルームでいいです。

第十六課

接待员：	现在标准间是 580 元。	係員：	現在、スタンダードルームは 580 元です。
住店者：	怎么那么贵呢？我上个月就住这里才 360 块钱。	客 ：	どうしてそんなに高いのですか。先月泊まったときはたった 360 元でしたよ。
接待员：	对不起，先生。那个时候打折，现在是旅游黄金周，不打折，要不您再考虑一下。	係員：	申し訳ありません、お客様。その時は割引していたのです。現在は旅行シーズンなので割引をしておりません。よろしければ再考なさいますか（＝おやめになりますか）。
住店者：	哎呀！那就这样吧。您给我们开个房间吧。	客 ：	そうなのか。ではその値段でお願いします。部屋をとってください。
接待员：	请您登记一下，您住几天呢？	係員：	記帳をお願いいたします。何泊なさいますか。
住店者：	住三天吧。	客 ：	3 泊します。
接待员：	好的。	係員：	承知しました。

スキット 3　　我要退房
チェックアウトします

（在饭店） 　　　　　　　　　　　　　　（ホテルで）

服务员：	您好，先生。	係員：	こんにちは、お客様。
退房者：	您好，我要退房，办一下手续。	客 ：	こんにちは。私はチェックアウトしますので、手続きをお願いします。
服务员：	好的。楼上服务员给您检查过房间了吗？	係員：	承知しました。階上の係員がお部屋のチェックをいたしましたか。
退房者：	检查过了，这是服务员给我开的条儿，你看一下，给您，还有钥匙。	客 ：	チェックしましたよ。これが係員さんからもらった紙ですのでご覧ください。どうぞ。それから鍵です。
服务员：	没问题。先生您一共住了三天，你交了 800 元押金。房间费一共是 660 元。先生您还打了 35 元的长途电话，加在一起是 695 元。	係員：	問題ありませんね。お客様は 3 泊され、800 元のデポジットをお支払いになりました。部屋代は全部で 660 元です。お客様の長距離電話料金が 35 元です。合わせて 695 元です。
退房者：	噢，好的。	客 ：	はい、分かりました。
服务员：	先生，您的发票抬头怎么写呢？	係員：	お客様、領収書の宛名はどのように書きましょうか。
退房者：	写远大公司就行。	客 ：	遠大公司で結構です。
服务员：	先生，给您。	係員：	お客様、どうぞ。
退房者：	谢谢。	客 ：	ありがとうございます。
服务员：	不客气，欢迎您下次再光临。	係員：	どういたしまして。またのお越しをお待ちしております。

文法解説

1 您几位？（何名様ですか）

您几位："**您一共是几位先生（或女士）**"（あなた方は全員で何名のお客様ですか）を短くした言い方で、敬意が含まれているため、ホテルやレストランなどでよく使われる。"**位**"は人について尊敬の気持ちを込めて使う量詞。

2 您贵姓？（ご名字はなんとおっしゃいますか）

您贵姓：相手の姓名を尋ねる際に尊敬の語気を明確にした言い方。答える側は謙譲の意を明確にして"**免贵姓～**"と答えることが多い。

3 怎么那么贵呢？（どうしてそんなに高いのですか）

怎么那么："**为什么这么**"（なぜこんなに）、"**为什么那么**"（なぜそんなに）の意味で、かなり重い反問や感嘆の語気を表している。その後に続くことがらについて話し手が理解できない、あるいは納得できないという態度を表すことが多い。

（例）今年的夏天怎么这么热！
　　　今年の夏はなんだってこんなに暑いのでしょう。

4 我上个月在这儿住才 360 块钱

（先月泊まったときはたった 360 元でした）

才：範囲を表す副詞で、"**仅仅**"（わずか、たった）の意味。話し手がその数量を少なく考えていることを強調する。

（例）这件衣服才 100 多块钱。
　　　この服はたったの 100 元ちょっとでした。

文化解説

1 黄金周（ゴールデンウィーク）

1999 年、中国で新たな休暇制度が定められ、国慶節（建国記念日 10 月 1 日）と五一節（メーデー 5 月 1 日）の法定祝祭日にはそれぞれ 3 日間の休暇を設け、さらに前後の週の週末で調整して合計 7 日間の休日とした。この 7 連休は"**黄金周**"と呼ばれ、多くの人が旅行や買物をするため、一定の経済効果がある。2008 年からは、五一ゴールデンウィークはとりやめられた。

2 先生，您的发票抬头怎么写呢？

（お客様、領収書の宛名はどのように書きましょうか）

"**抬头**"は、領収書などの伝票で料金を支払った人物の姓名・部署名・会社名などを書く欄のこと。

練習の問題文と解答

【練習1】
1 这位先生要预定几个房间?（この客はいくつの部屋を予約したか）　B．2つ
2 现在一个房间每天多少钱?（現在、1室は1泊いくらか）　A．割引後480元
3 关于这位先生的姓名，下面哪个说法是正确的?（この客の姓名について、次のうち正しいのはどれか）　C．名字が王
4 这位先生的电话号码是多少?（この客の電話番号は何番か）　C．13712982888

【練習2】
　王さんは5月2日に4名でスタンダード・ルーム2部屋を予約した。1泊1部屋680元。

【練習3】
1 客はどのような部屋に泊まろうとしたか
　标准间
2 スタンダード・ルームは1泊いくらか
　580元
3 客は値段を高いと感じたか。またそれはなぜか　他们觉得太贵。因为他们上个月就住这里才360块钱。
4 なぜ先月の宿泊料金が現在と異なっていたか　因为上个月打折。
5 結局、客は部屋をとったか
　开房间了。

6 客は何名で、何泊する予定か
　两位，住三天。

【練習4】
1 ×
　这位先生要开房间。(この客はチェックインしようとしている)
2 ○
　退房前需要服务员检查一下房间。(チェックアウトの前には係員が部屋をチェックする)
3 ×
　他们住的房间还没有经过服务员检查。(客が宿泊した部屋はまだ係員のチェックを受けていない)
4 ×
　他们住了三天，花了800元。(客は3泊し、800元出費した)
5 ×
　在饭店打长途电话不收费。(ホテルで長距離電話をかけても料金がかからない)
6 ○
　住饭店要先收押金。(ホテルに泊まるときはあらかじめデポジットを払う)
7 ○
　这个饭店一个房间每天220元。(このホテルの部屋代は1泊220元だ)
8 ○
　这位先生在一家公司工作。(この客は会社員だ)

第十七课 打电话 | 電話をかける

【常用句】この課に出てくるキーフレーズを覚えましょう　104

1-1 请您记录一下：10月12号晚上8点40分，天津至上海，Z41次列车。
Qǐng nín jìlù yíxià : shí yuè shí'èr hào wǎnshang bā diǎn sìshí fēn, Tiānjīn zhì Shànghǎi, Z sìshiyī cì lièchē.
メモをお取りください。10月12日夜8時40分、天津発上海行き、Z41号の列車です。

1-2 是天津站始发的直达特快。　Shì Tiānjīn Zhàn shǐfā de zhídá tèkuài.
天津駅始発の直通特快列車です。

1-3 那您帮我订3张吧，要硬卧。　Nà nín bāng wǒ dìng sān zhāng ba, yào yìngwò.
では3枚予約します。硬臥をお願いします。

1-4 请您留一下儿电话和地址。　Qǐng nín liú yíxiàr diànhuà hé dìzhǐ.
電話番号と住所をおっしゃってください。

2-1 我的朋友刚刚从楼梯上滚下来了。他的腿很疼，不能动了。　Wǒ de péngyou gānggāng cóng lóutī shang gǔn xiàlái le. Tā de tuǐ hěn téng, bù néng dòng le.
ついさっき友人が階段から落ちました。彼は足が痛くて、動けないんです。

2-2 您的具体位置在哪儿？　Nín de jùtǐ wèizhì zài nǎr?
あなた（がいらっしゃる場所）の詳細な位置はどこですか。

2-3 请您不要惊慌，我们的救护车会在10分钟之内赶到。
Qǐng nín bú yào jīnghuāng, wǒmen de jiùhùchē huì zài shí fēnzhōng zhīnèi gǎndào.
どうぞ落ち着いてください。こちらの救急車が10分以内に駆けつけます。

3-1 人工咨询服务请按0。　Réngōng zīxún fúwù qǐng àn líng.
オペレーターによる問い合わせ応対サービスは0をダイヤルして下さい。

3-2 如果是全年订阅的话是否有优惠？
Rúguǒ shì quánnián dìngyuè de huà shìfǒu yǒu yōuhuì?
もし年間購読したら、割引はありますか。

3-3 报纸如果没有到的话，您可以打电话投诉。
Bàozhǐ rúguǒ méiyǒu dào de huà, nín kěyǐ dǎ diànhuà tóusù.
もし新聞が届かなかったら、電話で苦情をおっしゃってください。

实况录音 1 | **您要订去哪儿的车票**
105 | 列車の切符を電話で予約します

【练习 1　选择正确答案】　106
問題を聞き、スキットにあてはまるものを選びましょう。

1　A. 周五晚去上海的　　　　　B. 下周五去上海的
　　C. 下周五晚去上海的　　　　D. 周五去上海的
2　A. 途径天津，到上海　　　　B. 直达特快
　　C. 晚上 8：40 开车　　　　　D. 天津始发
3　A. 3 张硬卧　　　　　　　　B. 3 张硬座
　　C. 12 月 10 日的　　　　　　D. 早 8：40 发车
4　A. 姓李　　　　　　　　　　B. 地址是花园路 15 号
　　C. 电话是 13821218988　　　D. 他要去上海

【练习 2　说说订火车票的情况】
予約した列車について日本語でまとめましょう。

_____
_____

単語

记录　jìlù：記録する
至　zhì：到着する
列车　lièchē：列車
始发　shǐfā：始発駅を出発する
硬卧　yìngwò：二等寝台車
留　liú：残す、書き留める
地址　dìzhǐ：住所

实况录音 2 | 这里是 120 急救中心

107 友達がケガをしたので"120 急救中心"に電話をかけました

【练习 3　回答问题】
質問に中国語で答えましょう。

1 这个同学为什么打 120？
2 受伤的同学现在在什么地方？
3 打电话的同学的电话号码是多少？
4 120 值班人员让她怎么办？
5 救护车什么时候能到？

单語

120 急救中心 Yāo'èrlíng Jíjiù Zhōngxīn：120 救急センター
楼梯 lóutī：階段
滚 gǔn：転がる、転げ落ちる
动 dòng：動かす
惊慌 jīnghuāng：驚き慌てる
具体 jùtǐ：具体的な、詳細な

位置 wèizhì：位置、場所
伤者 shāngzhě：負傷者
平躺 píngtǎng：横たえる
翻动 fāndòng：動かす
救护车 jiùhùchē：救急車
内 nèi：〜（一定の時間や範囲）のうちに
赶到 gǎndào：急いで駆けつける、間に合うよう急ぐ

实况录音 3
108

人工咨询服务请按 0

郵便局（天津郵政）に新聞購読申込の電話をかけました

【练习 4　判断下列句子的正误】　　　　　　　　　　　　　**109**
読み上げる文章がスキットと合っていれば○、間違っていたら×を書きましょう。

1 _____　　2 _____　　3 _____　　4 _____　　5 _____
6 _____　　7 _____

単語

按 àn：押す
人工 réngōng：人力、人手。人の手による
有关 yǒuguān：関係がある。～についての
订阅 dìngyuè：（新聞・雑誌などを）予約購読する
中国日报 Zhōngguó Rìbào：中国日報（China Daily）
是否 shìfǒu：～であるかどうか
优惠 yōuhuì：優遇、優待
投诉 tóusù：訴え出る。苦情を言う。クレームをつける

打电话 | 139

スキット1	您要订去哪儿的车票
	どこ行きの切符を予約なさいますか

(在打电话) （電話で）

接话员：您好，请问需要什么帮助？　　受付係：こんにちは。どんなサービスをお求めですか（＝どのようなご用件ですか）。

订票者：请问可以订火车票吗？　　申込者：お尋ねしますが、列車の切符を予約できますか。

接话员：可以，您需要订去哪儿的车票？　　受付係：できます。どこ行きの切符がご入り用ですか。

订票者：上海。　　申込者：上海です。

接话员：好，您需要订什么时间的？　　受付係：はい。いつの切符を予約なさいますか。

订票者：嗯，下周五晚上的有吗？　　申込者：ええ、来週の金曜日の夜の便のはありますか。

接话员：好，我帮您查一下。请您记录一下：10月12号晚上8点40分，天津至上海，Z41次列车。　　受付係：はい、お調べします。メモをお取りください。10月12日夜8時40分、天津発上海行き、Z41号の列車です。

订票者：嗯，这个是天津站始发的吗？　　申込者：はい。これは天津駅が始発ですか。

接话员：是天津站始发的直达特快。　　受付係：天津駅始発の直通特快列車です。

订票者：那您帮我订3张吧，要硬卧。　　申込者：では3枚予約しますのでお願いします。硬臥にしてください。

接话员：好的。您贵姓？　　受付係：かしこまりました。ご名字は何とおっしゃいますか。

订票者：姓李。　　申込者：李です。

接话员：请您留一下儿电话和地址。　　受付係：電話番号と住所をおっしゃってください。

订票者：哦，我的电话是13821218988，地址是花园路50号。　　申込者：ええと、私の電話は13821218988で、住所は花園路50号です。

接话员：好的。　　受付係：かしこまりました。

订票者：啊，谢谢。　　申込者：ありがとうございました。

接话员：再见。　　受付係：失礼いたします。

订票者：再见。　　申込者：さようなら。

スキット2	这里是120急救中心
	120救急センターです

(给120急救中心打电话。) （120救急センターに電話する）

值班人：您好，这里是120急救中心。　　当直係：もしもし、こちらは120救急センターです。

学　生：	您好，我朋友刚刚从楼梯上滚下来了，现在腿不能动了。	学生　　：	もしもし、ついさっき友人が階段から落ちて、今は足が動かないんです。
值班人：	噢，请不要惊慌，请问您的具体位置是在哪儿？	当直係　：	そうですか。どうぞ落ち着いてください。今いらっしゃる場所は詳しく言うとどちらですか。
学　生：	天津师范大学主校区12楼，3楼楼梯间。	学生　　：	天津師範大学主校区12楼の3階の階段ホールです。
值班人：	让我记录一下，天津师范大学主校区，12号楼，3楼楼梯间，对吗？	当直係　：	メモいたします。天津師範大学主校区、12号楼、3階の階段ホールですね。
学　生：	对。	学生　　：	そうです。
值班人：	请问您的联系电话是多少？	当直係　：	あなたの電話番号は何番ですか。
学　生：	13817549436。	学生　　：	13817549436です。
值班人：	13817549436。	当直係　：	13817549436ですね。
学　生：	对。	学生　　：	そうです。
值班人：	好，请您不要惊慌，请让伤者平躺在原处，不要翻动，我们的救护车会在10分钟之内赶到。	当直係　：	分かりました。どうぞ落ち着いてください。ケガ人にはその場で横になってもらい、動かないようにしてください。こちらの救急車が10分以内に駆けつけます。
学　生：	谢谢，请您马上来。	学生　　：	ありがとうございます。どうかすぐ来てください。

スキット3　　人工咨询服务请按0
オペレーターによる受付は0をダイヤルしてください

您好，天津邮政为您服务，订票服务请按3；邮政小额积压贷款咨询请按1；特快专递服务请按2；查询服务请按4；报刊订阅及商品订购请按5；鲜花礼品订购请按88；投诉及建议请按9；人工咨询服务请按0。（按0）您好，142号话务员为您服务。	（自動応答音声）こんにちは。天津郵政のサービス窓口です。チケット予約は3を、郵政少額長期ローンのお問い合わせは1を、EMSサービスは2を、追跡サービスは4を、新聞雑誌購読予約および商品購入予約は5を、生花プレゼント購入予約は88を、苦情やご意見は9を、オペレーターによる応対は0をダイヤルしてください。（0をダイヤルする。）ようこそ。142番オペレーターがお答えします。
话务员：您好，很高兴为您服务。	オペレーター：こんにちは。サービスさせていただき嬉しく思います。
咨询者：您好，我想咨询一下儿有关报纸订阅的事儿。	質問者：もしもし、新聞購読のことについてお尋ねしたいのですが。
话务员：您那边声音太小了，听不到。	オペレーター：そちらの声が小さくて、聞こえません。

咨询者：哦，您好，我想咨询一下儿有关报纸订阅的事儿。	質問者：ああ、もしもし、新聞購読のことについてお尋ねしたいのですが。
话务员：您说吧。	オペレーター：どうぞ。
咨询者：嗯，请问您那儿可否订阅《中国日报》?	質問者：ええと、そちらでは「中国日報」の予約購読をすることはできますか。
话务员：《中国日报》?	オペレーター：「中国日報」ですね。
咨询者：对。	質問者：はい。
话务员：《中国日报》可以订。	オペレーター：「中国日報」の予約購読はできます。
咨询者：嗯，好。那请问您那是按季度还是按年份订阅的?	質問者：ああ、そうですか。では季節ごとに予約購読するのでしょうか、それとも年度ごとでしょうか。
话务员：您打算订多长时间的?	オペレーター：どれくらいの期間購読なさるおつもりですか。
咨询者：嗯。如果是全年订阅的话是否有优惠呀?	質問者：うーん。もし年間購読したら、割引はありますか。
话务员：没有。	オペレーター：ありません。
咨询者：如果，有没有出现投递不到这种情况? 怎么办呢?	質問者：もし、配達が届かないという事はありませんか、そうなったらどうしたらよいですか。
话务员：报纸如果没有到的话，您可以打我们电话进行投诉。	オペレーター：新聞が届かなかったら、私どもにお電話して苦情をおっしゃってください。
咨询者：嗯，好的，那谢谢您。	質問者：ああ、分かりました。ありがとうございました。
话务员：不客气，再见。	オペレーター：どういたしまして。それでは。
咨询者：好，再见。	質問者：はい、さようなら。

文法解説

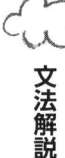

1 天津师范大学主校区 12 楼，3 楼楼梯间
（天津師範大学主校区 12 楼の 3 階の階段ホール）

12 楼："12 号楼"（12 号棟）の意味。棟番号を言う際、"号"はしばしば省略される。

3 楼：ここではある建物の中の 3 階の意味。階を表す語として"层"もよく使われる。

このように"12 楼，3 楼"と同じ形式の表現が続いていても、それぞれが表している意味は前後の内容によって異なるので、文脈から読み取らなければならない。

（例）我新买的房子是 5 楼。私が今度買った部屋は 5 階です。
　　　我家在梅林花园 24 楼。私の家は梅林花園 24 号棟です。

2 如果是全年订阅的话是否有优惠？
（もし年間購読したら、割引はありますか）

是否：疑問文で用い、"是不是"の意味である。書き言葉で使われることが多く、同様の用法に"可否（可以不可以）""能否（能不能）"がある。

（例）这些资料是否可以从网上下载？
　　　そのデータはネットからダウンロードすることもできるのでしょうか。

文化解説

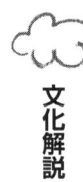

1 Z41次列车（Z41号列車）
列車の号数は算用数字で表される。旅客列車は数字の前に列車種類を表すアルファベット（ピンイン表示した中国語の頭文字）を付ける。中国の旅客列車は、C（"**城际列车**"都市間列車）、D（"**动车组列车**"動力集中方式列車）、Z（"**直达特快列车**"直通特快列車）、T（"**特快列车**"特快列車）、K（"**快速列车**"快速列車）、L（"**临时客车**"臨時列車）、Y（"**旅游客车**"観光路線列車）、数字4桁のみ（"**普通旅客列车**"普通列車）の8種がある。

2 要硬卧（硬臥席にします）
硬卧：列車の車両等級区分の1つ。一等寝台車に相当する"**软卧**"に対し、二等寝台車にあたる。Z系列の列車は主として"**软座**"（一等車）、"**软卧**"（一等寝台車）、"**硬卧**"（二等寝台車）が連結されている。その他の列車は主として"**硬座**"と"**硬卧**"が連結されている。

3 这里是120急救中心（こちらは120救急センターです）
120：緊急通報用の電話番号のうち、急病や重度のケガは、救急対応の120番をダイヤルする。緊急通報用番号は他に、消防の119番、警察の110番がある。

練習の問題と解答

【練習1】
1 订票者要订什么时候的火车票？（申込者はいつの列車の切符を予約しようとしていたか）　C．次週の金曜夜の上海行き
2 下面哪一点不符合Z41次列车的情况？（Z41号に関して、次のうちふさわしくないものはどれか）
　A．天津を経由して上海に行く
3 下面哪一点符合这个人订火车票的情况？（申込者の予約に合うものは次のうちどれか）　A．硬臥3枚
4 关于订票者的情况，下面哪个说法不对？（申込者について、スキットの内容に合わないものは次のうちどれか）
　B．住所は花園路15号だ

【練習2】
10月12日夜8時40分、天津発上海行き、Z41号、直通特快列車の硬臥を3枚予約した。

【練習3】
1 この学生はなぜ120番に電話したのか
　因为她朋友从楼梯上滚下来，现在腿不能动了。
2 けがをした学生は今どこにいるか
　天津师范大学主校区12楼，3楼楼梯间。
3 電話をかけた学生の電話番号は何番か
　13817549436

4 120の係員は電話をかけた学生にどうするよう指示したか
　让伤者平躺在原处，不要翻动。
5 救急車はいつ到着できるか
　在10分钟之内能到。

【練習4】
1 ×
　按0是咨询订报服务。（ダイヤル0は予約購読の問い合わせサービスだ）
2 ○
　她要咨询订报纸的事情。（質問者は新聞予約購読について問い合わせている）
3 ○
　她想订《中国日报》。（質問者は「中国日報」を予約購読しようと考えている）
4 ×
　这里不能订《中国日报》。（このサービス窓口で「中国日報」を予約購読することはできない）
5 ×
　订全年的报可以优惠。（新聞を年間購読すると割引がある）
6 ○
　她担心报纸会投递不到。（質問者は新聞が配達されないことを心配している）
7 ×
　如果投递不到要到邮政局大楼去投诉。（もし新聞が配達されなかったら苦情を言うために郵便局ビルに行かねばならない）

第十八课　邮　寄 ｜ 郵便局を利用する

【常用句】この課に出てくるキーフレーズを覚えましょう　110

1-1 我这本书想寄个快递。　Wǒ zhè běn shū xiǎng jì ge kuàidì.
この本を速達で送りたいのです。

1-2 请填个单子。　Qǐng tián ge dānzi.
この用紙にご記入ください。

1-3 把您的电话和对方的电话都写上。
Bǎ nín de diànhuà hé duìfāng de diànhuà dōu xiěshàng.
お客様の電話番号と送り先の電話番号を両方とも書かなければなりません。

1-4 您在这儿签个名字。　Nín zài zhèr qiān ge míngzi.
こちらにご署名をお願いします。

1-5 这个包裹超重了。　Zhège bāoguǒ chāozhòng le.
このお荷物は重量オーバーです。

2-1 包裹单和本人身份证都带齐了吗？
Bāoguǒdān hé běnrén shēnfènzhèng dōu dài qí le ma?
小包受け取り票とご本人の身分証はどちらもお持ちになっていますか。

2-2 这是您的包裹，请查收，然后在包裹单的右下方签名。
Zhè shì nín de bāoguǒ, qǐng cháshōu, ránhòu zài bāoguǒdān de yòu xià fāng qiānmíng.
こちらがお客様宛ての小包です。お確かめになって、小包受け取り票の右下にご署名をお願いします。

3-1 请 A006 号到 2 号窗口。　Qǐng A líng líng liù hào dào èr hào chuāngkǒu.
A006 番のお客様は 2 番の窓口へお越しください。

3-2 按 0.5% 收费，50 封顶。　Àn bǎi fēn zhī líng wǔ shōufèi, wǔshí fēngdǐng.
0.5％の手数料がかかり、上限は 50 元です。

3-3 请保存好您的汇款凭证，有什么问题可以拿它来查询。
Qǐng bǎocún hǎo nín de huìkuǎn píngzhèng, yǒu shénme wèntí kěyǐ ná tā lái cháxún.
お客様の送金証書をきちんと保管なさってください。何か問題があれば、それをもとにお問い合わせください。

实况录音 1	我想寄一个快递
111	速達を出しにきました

【练习 1　填空】
スキットを聞いて、空欄を埋めましょう。

1　寄快递必须要做的事情包括：
　　(1) 填写_____　(2) 填上_____和_____的电话
　　(3) 寄信人要_____　(4) 最后要_____。
2　这位顾客寄这封快递一共花了_____元，这里包括：
　　(1) _____／_____元　(2) _____／_____元
　　(3) _____／_____元　(4) _____／_____元

单语

业务　yèwù：業務。仕事
寄　jì：郵送する
快递　kuàidì：速達
北京大学　Běijīng Dàxué：北京大学
超重　chāozhòng：重量超過
邮费　yóufèi：郵送料
皮儿　pír：包装紙
各　gè：それぞれ。どちらも

实况录音 2　这是您的包裹
112　小包を受け取りにきました

【练习 2　填空】
スキットを聞いて、空欄を埋めましょう。

1　取包裹必须带的是＿＿＿＿＿和＿＿＿＿＿。
2　最后要在包裹单的＿＿＿＿＿方＿＿＿＿＿。

【练习 3　说说取包裹的程序】
小包を受け取る手続きを日本語でまとめましょう。

＿＿＿＿＿＿＿＿＿＿＿＿＿＿＿＿＿＿＿＿＿＿＿＿＿＿＿＿＿＿＿＿
＿＿＿＿＿＿＿＿＿＿＿＿＿＿＿＿＿＿＿＿＿＿＿＿＿＿＿＿＿＿＿＿

単語

查收 cháshōu：確認して受け取る

实况录音 3 | 这是您的汇款凭证
113 | 窓口で送金をします

【练习 4　选择正确答案】　114
問題を聞き、スキットにあてはまるものを選びましょう。

1　A. 2 号　　　　B. 6 号　　　　C. A006 号　　D. 006 号
2　A. 带工作证　　B. 填写汇款单　C. 交手续费　　D. 签字
3　A. 汇款额的 5%　B. 汇款额的 0.5%，最多 50 元
　　C. 50 元　　　D. 汇款额的 0.5‰

【练习 5　说说汇款凭证有什么作用】
送金証書はどのように使うか日本語で書きましょう。

_____

_____

単語

窗口　chuāngkǒu：窓口。窓辺
汇款　huìkuǎn：送金
手续费　shǒuxùfèi：手数料

封顶　fēngdǐng：上限を設ける
无误　wúwù：間違いない
凭证　píngzhèng：証書。証拠
查询　cháxún：問い合わせる

スキット1　我想寄一个快递
速達を送りたいのですが

(在邮局里)
营业员：您好，请问您要办理什么业务？
顾　客：我这本书想寄一下快递。
营业员：往哪儿寄的啊？
顾　客：北京，北京大学。
营业员：请您稍等一下啊。请填个单子。
顾　客：好的。嗯，这个电话号码还需要填吗？
营业员：得把您的电话和对方的电话都写上。
顾　客：噢。好吧。
营业员：您在这儿签个名字，交寄人签名。
顾　客：好的好的。
营业员：您这超重了，需要加6块钱。一共是邮费20，一个单子一个皮儿各1块钱，一共28块钱。
顾　客：啊，邮费20，一个单子，一个皮儿各1块，然后超重还得加6块。
营业员：没错儿。
顾　客：好的，给您钱。

(郵便局で)
係員：いらっしゃいませ。どんなご用件ですか。
客　：この本を速達で送りたいのです。
係員：どこ宛てに送るのですか。
客　：北京です。北京大学です。
係員：少々お待ちください。この用紙にご記入ください。
客　：はい。ええと、電話番号も書かなければならないのですか。
係員：お客様の電話番号と送り先の電話番号を両方とも書かなければなりません。
客　：そうですか。分かりました。
係員：こちらにご署名をお願いします。送り主の署名です。
客　：分かりました。
係員：このお荷物は重量オーバーなので、追加で6元必要です。合計しますと、郵送料が20元、用紙と包装紙がそれぞれ1元、合計で28元になります。
客　：ええと、郵送料が20元、用紙1枚、包装紙がそれぞれ1元、それから重量超過料金が6元追加になるのですね。
係員：その通りです。
客　：分かりました。お金をお渡しします(＝お支払いします)。

スキット2　这是您的包裹
お客様宛ての小包です

(在邮局取包裹)
取包裹者：您好，我想取个包裹。
工作人员：您包裹单带了吗？
取包裹者：带了，在这儿。

(郵便局で小包を受け取る)
受取人：こんにちは。小包を受け取りたいのですが。
係員　：小包受け取り票はお持ちになりましたか。
受取人：持って来ました。これです。

工作人员：	带本人身份证了吗？	係員　：	ご本人の身分証はお持ちですか。
取包裹者：	带了，给您，我的身份证。	受取人：	持っています。どうぞ。私の身分証です。
工作人员：	哦。您的身份证我看完了，您收好。您在这儿等一下，我去把包裹拿来。	係員　：	はい。身分証を拝見しました。お受取りください（＝お返しします）。こちらで少々お待ちください。小包を取りに行ってきます。
取包裹者：	好的，谢谢。	受取人：	分かりました。ありがとうございます（＝よろしくお願いします）。
工作人员：	这是您的包裹，请查收，然后在包裹单的右下方签名。	係員　：	こちらがお客様宛ての小包です。お確かめになって、小包受け取り票の右下にご署名をお願いします。
取包裹者：	签好了，给您。	受取人：	署名しました。どうぞ。

スキット 3　｜　这是您的汇款凭证
こちらがお客様の送金証書です

（在邮局汇款）		（郵便局で送金する）	
广　　播：	请 A006 号到 2 号窗口。	アナウンス：	A006 番のお客様は 2 番の窓口へお越しください。
营业员：	您好，办什么业务？	係員：	いらっしゃいませ。どのようなご用件ですか。
顾　　客：	我想汇款。	客　：	送金したいのですが。
营业员：	您带身份证了吗？	係員：	身分証はお持ちですか。
顾　　客：	带了，给您。	客　：	持っています。どうぞ。
（核对身份证号码）		（身分証番号をチェックする）	
营业员：	啊，请填一下汇款单。	係員：	この送金票にご記入ください。
顾　　客：	证件号码是填身份证的吗？	客　：	"证件号码"というのは身分証の（番号）を書くのですか。
营业员：	对。	係員：	そうです。
顾　　客：	写完了，给您。	客　：	書きました。どうぞ。
（输入汇款单上的信息）		（係員が送金票のデータを入力する）	
顾　　客：	汇到北京多长时间？	客　：	北京に送金するのにどれくらい時間がかかりますか。
营业员：	嗯，我们是实时汇款，马上就到。	係員：	リアルタイム送金ですので、すぐに到着します。
顾　　客：	要收手续费吗？	客　：	手数料が必要ですか。
营业员：	嗯，按 0.5% 收费，50 封顶。	係員：	はい、（送金額の）0.5％、最高 50 元の手数料がかかります。
顾　　客：	哎，行。	客　：	ああ、分かりました。

营业员：确认一下，这是您填的信息，如果无误呢，请签个字。
顾　客：好。
营业员：这是您的汇款凭证，请您保存好，有什么问题可以拿它来查询。
顾　客：谢谢。
营业员：不客气，慢走。

係員：ご確認ください。お書きになった情報がこちらです。間違いがなければ、ご署名ください。
客　：分かりました。
係員：こちらがお客様の送金証書ですので、お持ちください。何か問題があれば、これをもとにお問い合わせください。
客　：ありがとうございました。
係員：どういたしまして。お気をつけて。

文法解説

1 按 0.5% 收费，50 封顶（0.5%の手数料がかかり、上限は50元です）
封顶：最高値として設定された数値（この場合は金額）。例文は、送金金額の0.5%を手数料として徴収するが手数料は最高でも50元を超えない、という意味。

文化解説

1 我这本书想寄个快递（この本を速達で送りたいのです）
快递："**快速投递**"の略で、EMS (Express Mail Service) とも呼ばれる。郵便業務を行う国有企業「中国郵政」が行う郵便物特別速達サービスのこと。大都市間の輸送は主に空輸し、配達スピードを早めている。中国国内であれば1〜4日間で配達される。なお、EMSは日本では「国際スピード郵便」である。

2 我们是实时汇款，马上就到
（リアルタイム送金ですので、すぐに到着します）
中国郵政の電信為替システムは、送金情報の通知方式によって"**邮局通知汇款**（送金通知票を郵便局が受取人に送付する方式）"と"**汇款人自行通知汇款**（送金額・送金票番号・パスワードを送金者が受取人に知らせる方式）"に分けられる。"**实时汇款**"は"**汇款人自行通知汇款**"の一種で、郵便局が送金依頼を受け付けてから数分後には受取人が送金を受け取ることができる。

練習の問題と解答

【練習1】

1 (1) 单子　(2) 您的（寄信人）　対方的（收信人）　(3) 签名　(4) 付款
速達を送るためにしなければならないこと：(1) 用紙に記入する (2) あなた（差出人）と相手（受取人）の電話番号を記入する (3) 差出人は署名をする (4) 最後に支払いをする。

2 28元　(1) 邮费20元　(2) 超重6元　(3) 一个单子1元　(4) 一个皮儿1元
この客は速達を送るために合計で28元支払った。その内訳は以下の通り。(1) 郵送料20元 (2) 重量超過料金6元 (3) 用紙1枚1元 (4) 包装紙1枚1元

【練習2】

1 包裹单　本人身份证
小包を受け取る人は小包受け取り票と本人の身分証を必ず携帯しなければならない。

2 右下　签名
最後に小包受け取り票の右下に署名する。

【練習3】

小包受け取り票と本人の身分証を持って郵便局の窓口に行き、荷物を確認したら小包受け取り票の右下に署名する。

【練習4】

1 这个顾客排的序号是多少?（この客の並んだ番号は何番か）　C．A006番
2 关于汇款需要的手续,不包括下面哪一个?（送金に必要な手続きに含まれないのは次のうちどれか）　A．勤務証を携帯する
3 汇款交多少手续费?（送金する際には手数料をいくら支払うか）
   B．送金額の0.5%で上限50元

【練習5】

問題が起こったときに、送金証書をもとに問い合わせる。

第十九课 外出旅游 | 旅行する

【常用句】この課に出てくるキーフレーズを覚えましょう　　115

1-1　咱们出去玩儿玩儿吧，好不容易赶上个假期。
　　　Zánmen chūqù wánrwanr ba, hǎo bù róngyì gǎnshàng ge jiàqī.
　　　私たち遊びに行きましょうよ。やっとお休みになるんですから。

1-2　我们不去太远的地方，近一点儿的。
　　　Wǒmen bú qù tài yuǎn de dìfang, jìn yìdiǎnr de.
　　　私たちはとても遠いところには行きません。わりと近いところ（に行きます）。

1-3　就这样定了吧，我马上跟旅游公司联系。
　　　Jiù zhèyàng dìng le ba, wǒ mǎshàng gēn lǚyóu gōngsī liánxì.
　　　そのように決めましょう。私はすぐに旅行会社に連絡します。

2-1　那你们只能跟别的团一起去了。　Nà nǐmen zhǐnéng gēn biéde tuán yìqǐ qù le.
　　　それではあなた方は別の団体と一緒に行くしかありません。

2-2　现在交一下定金，您收好收据。　Xiànzài jiāo yíxià dìngjīn, nín shōu hǎo shōujù.
　　　予約料をお支払いください。領収書をお受け取りください。

2-3　你们那天早晨 6 点半之前赶到这里，在这儿上车出发。　Nǐmen nà tiān zǎochén liù diǎn bàn zhīqián gǎndào zhèli, zài zhèr shàng chē chūfā.　あなた方は当日の朝 6 時半までにここに来てください。ここで車に乗り出発しますので。

3-1　到达八达岭长城也就是 11 点左右。
　　　Dàodá Bādálǐng Chángchéng yě jiùshì shíyī diǎn zuǒyòu.
　　　八達嶺長城に到着するのは 11 時ごろということになります。

3-2　您把大致的安排说一下吧。　Nín bǎ dàzhì de ānpái shuō yíxià ba.
　　　大体の予定をちょっと説明してください。

3-3　爬完长城大概 3 点半集合上车，咱们返回学校。
　　　Páwán Chángchéng dàgài sān diǎn bàn jíhé shàng chē, zánmen fǎnhuí xuéxiào.
　　　長城を登り終えたら（＝長城の観光を終えたら）大体 3 時半に集合して車に乗り、学校に向かって出発します。

3-4　4 个小时左右就能到学校。　Sì ge xiǎoshí zuǒyòu jiù néng dào xuéxiào.
　　　4 時間ほどで学校に到着できます。

实况录音1 | # 颐和园我已经去过了
116　梅姐と旅行の相談をしています

【练习1　选择正确答案】　**117**
問題を聞き、スキットにあてはまるものを選びましょう。

1　A. 哪儿都不想去　B. 颐和园　　C. 远一点儿的地方　　D. 长城
2　A. 长城　　　　　B. 颐和园　　C. 很多地方　　　　　D. 哪儿都没去过
3　A. 长城　　　　　B. 颐和园　　C. 北京市里　　　　　D. 哪儿都不去

単語

假期 jiàqī：休日、休暇
呆 dāi：滞在する
颐和园 Yíhéyuán：頤和園（北京市内にある庭園公園で有名な観光地）
长城 Chángchéng：長城。万里の長城とも呼ばれる
旅游 lǚyóu：旅行する

实况录音 2 | **从哪儿出发**
118 | 長城ツアーの申込に来ました

【练习 2　判断下列句子的正误】　　119
読み上げる文章がスキットと合っていれば〇、間違っていたら×を書きましょう。

1 ____　2 ____　3 ____　4 ____　5 ____
6 ____　7 ____

単語

定金　dìngjīn：予約料、手付け金　　　　**收据**　shōujù：領収書

实况录音 3 | 我们什么时候到北京
120 | ガイドに今日のスケジュールを尋ねます

【练习 3　填写表格】
スキットを聞いて、スケジュール表を日本語で埋めましょう。

9 時半：＿＿＿＿＿＿＿＿＿＿＿＿＿＿＿
11 時ごろ：＿＿＿＿＿＿＿＿＿＿＿＿＿
3 時半：＿＿＿＿＿＿＿＿＿＿＿＿＿＿＿
7 時半：＿＿＿＿＿＿＿＿＿＿＿＿＿＿＿

【练习 4　填空】
スキットを聞いて、空欄を埋めましょう。

首先带着学生游览＿＿＿＿＿＿＿＿＿＿，然后＿＿＿＿＿＿＿＿，下午开始＿＿＿＿＿＿＿，3点半＿＿＿＿＿＿＿，＿＿＿＿＿＿。

単語

市区 shìqū：市街地
到达 dàodá：到着する
八达岭 Bādálǐng：八達嶺（長城の一部で北京北郊にある観光地）
安排 ānpái：予定、計画
大致 dàzhì：大体、おおまかに

首先 shǒuxiān：まず、最初に
博物馆 bówùguǎn：博物館
游览 yóulǎn：見物する、見学する、遊覧する
爬 pá：(山などを)登る
集合 jíhé：集合する
返回 fǎnhuí：(～に向かい)戻る

外出旅游

スキット 1　颐和园我已经去过了
颐和園にはもう行ったことがあるのです

(在路边)
女孩儿：梅姐，我们10月1去哪儿呢？

梅　姐：我不想出去玩儿了，想在家呆着。

女孩儿：还是出去玩儿玩儿吧，好不容易赶上个假期。我们不会去太远的地方，近一点儿的。

梅　姐：那我们去北京吧，颐和园你看怎么样？
女孩儿：颐和园我已经去过了。
梅　姐：那长城呢？
女孩儿：长城，可以，我还没去过呢。那我们就去长城。
梅　姐：什么时候去呢？
女孩儿：10月2日吧。
梅　姐：嗯，我们就这样定了吧。
女孩儿：好，我马上给旅游公司联系。

(路上で)
女性　：梅さん、私たち10月の連休にはどこに行きましょうか。

梅さん：私は出かけたくなくなっちゃったわ。家でのんびりしたいの。

女性　：やっぱり遊びに行きましょうよ。やっと休みになるんですもの。そんなに遠くへは行きませんよ。わりと近いところ（に行きましょう）。

梅さん：それなら北京に行こうか。頤和園はどうかしら。
女性　：頤和園にはもう行ったことがあるんです。
梅さん：それなら長城は。
女性　：長城ですか、いいですね、私は行ったことがありません。じゃあ長城に行くことにしましょう。
梅さん：いつ行こうか。
女性　：10月2日にしましょう。
梅さん：うん、これで決まりね。
女性　：ええ、私、すぐに旅行会社に連絡します。

スキット 2　从哪儿出发
どこから出発するのですか

(在旅游公司)
旅游公司：你好！
师大学生：你好，我是师范大学的学生。前天给你们打过电话。我们10月2日去长城。

旅游公司：噢，知道了。你们几个人呐？

师大学生：两个人。
旅游公司：那你们只能随别的团了。

师大学生：嗯，行。

(旅行会社で)
旅行会社社員：いらっしゃいませ。
師範大学学生：こんにちは。私は師範大学の学生で、一昨日電話をかけた者です。私たちは10月2日に長城に行くのです。
社員：ああ、分かりました。何名様ですか。
学生：2名です。
社員：それではお2人は別な団体ツアーに入らなくてはなりません。
学生：ええ、かまいません。

旅游公司：现在你们交一下定金吧。50元。	社員：それでは予約料をお支払いください。50元です。
师大学生：好的。那我们10月2日从哪儿出发呢？	学生：分かりました。それで私たちは10月2日にはどこから出発するのですか。
旅游公司：你们那天早晨6点半之前赶到这里，在这儿上车出发吧。	社員：お2人は当日の朝6時半までにここにお越しください。ここで車に乗り出発しましょう。
师大学生：噢，好的。还有别的事吗？	学生：そうですか、分かりました。他に何かありますか。
旅游公司：没有了。您收好收据。	社員：以上です。領収書をお持ちください。
师大学生：好，谢谢您。	学生：はい。ありがとうございました。
旅游公司：不客气。	社員：どういたしまして。

スキット3　我们什么时候到北京
私たちは何時に北京に到着しますか

旅游者：请问黄导，咱们什么时候到北京啊？	旅行者：（ガイドの）黄さん、私たちは何時に北京に着くのですか。
黄　导：咱们大概九点半就到北京，进入北京市区，到达八达岭长城呢，也就是11点左右。	黄さん：だいたい9時半には北京に着きます。北京市内に入ります。八達嶺長城に到着するのは11時ごろです。
旅游者：噢。到八达岭以后，我们（有）什么安排呢，您把大致的安排说一下吧。	旅行者：そうですか。八達嶺に着いた後は、どういう予定ですか。大体の予定を教えてください。
黄　导：咱们今天到达八达岭以后啊，首先带着咱们学生去这个八达岭长城博物馆进行游览，游览完以后呢，咱们就去吃饭，吃完中午饭以后，咱们下午开始爬长城，爬完长城就大概3点半集合上车，咱们返回学校。	黄さん：今日は八達嶺に着いたら、まず学生を連れて八達嶺長城博物館を見学します。見学の後は、食事を取ります。昼食をとってから、午後に長城に登ります。その後大体3時半に集合して車に乗り、学校に戻ります。
旅游者：哦。就是3点半返回学校。也就是大概晚上7点左右就到学校。	旅行者：そうですか。3時半に学校に向かって出発するのですね。ということは大体夜7時ごろに学校に着きますね。
黄　导：晚上大概7点……7点半吧。4个小时左右就能到达学校。	黄さん：夜の7時、……そうですね、7時半でしょうね。4時間ほどで学校に到着します。
旅游者：好的。谢谢。	旅行者：分かりました。ありがとうございます。
黄　导：不客气。	黄さん：どういたしまして。

文法解説

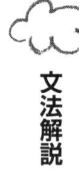

1 **好不容易赶上个假期**（やっとのことで休暇になるのだから）
 好不容易："很不容易"（とても難しい）という意味で、"**好不容易（才）+ V +了**"という構文で用いられることが多い。"**好容易**"と言われることもあり、いずれも意味は同じ。
 （例）我们好不容易才找到他。
 　　　我々はやっとのことで彼を捜しあてた。

2 **颐和园你看怎么样?**（頤和園（に行くの）はどうですか）
 你看：相手の意見を求めたり、何らかの事物について判断を下すことを依頼したりする表現。
 （例）你看他今天能来吗?
 　　　今日、彼は来ると思いますか。

文化解説

1 **请问黄导**（(ガイドの) 黄さん、ちょっとお尋ねします）
 黄导：「黄」という姓の観光ガイドを指す表現。中国語の言語習慣として類似の表現に、"**张总**"（「張」という姓の総経理）、"**李处**"（「李」という姓の所長）、"**刘局**"（「劉」という姓の局長）などがある。

練習の問題と解答

【練習1】
1 梅姐10月1日想去哪儿?（梅さんは10月1日にどこに行きたいか）
　　A．どこにも行きたくない
2 录音中的另一个女孩儿去过哪儿了?（スキットに登場するもう1人の女性はどこに行ったことがあるか）　B．頤和園
3 她们最后决定去哪儿?（2人は結局どこに行くことに決めたか）　A．長城

【練習2】
1 ○
　她们想10月2日去长城。（彼女たちは10月2日に長城に行くつもりだ）
2 ×
　她们不想和其他旅游团一起去。
　（彼女たちは他の団体ツアーと一緒には行きたくない）
3 ×
　她们这次去长城只有她们两个人。（長城へは、彼女たち2人だけで行く）
4 ○
　去长城旅游每人50元。（長城への旅行費用は1人50元だ）

5 ×
　她们早上6：30出发。（彼女たちは朝6時30分に出発する）
6 ○
　她们从谈话的地点出发。（彼女たちは、いま会話している場所から出発する）
7 ○
　交钱后，旅游公司给她开了收据。
　（支払いの後、旅行会社は彼女に領収書を発行した）

【練習3】
9時半：北京市内到着／11時ごろ：八達嶺長城到着／3時半：集合／7時半：学校到着

【練習4】
八达岭长城博物馆　吃中午饭　爬长城　集合上车　返回学校
まず学生を連れて八達嶺長城博物館を見学し、その後昼食を取り、午後に<u>長城に登り</u>始め、3時半に<u>集合して乗車し</u>、<u>学校に向かい出発する</u>。

外出旅游 | 161

第二十课 谈天气 | 天気の話題

【常用句】この課に出てくるキーフレーズを覚えましょう　　121

0-1 这两天刚下过雨，很潮湿。　Zhè liǎngtiān gāng xià guò yǔ, hěn cháoshī.
ここ数日は雨だったので、湿度が高い。　　＊潮湿 cháoshī：湿度が高い

1-1 中央气象台今天下午6点钟，继续发布大风降温消息。
Zhōngyāng qìxiàngtái jīntiān xiàwǔ liù diǎn zhōng, jìxù fābù dàfēng jiàng wēn xiāoxi.
中央気象台は本日午後6時に、引き続き大風と気温低下の情報を発表しました。

1-2 今天晚上到明天，有5级左右的西北风，阵风7级。
Jīntiān wǎnshang dào míngtiān, yǒu wǔ jí zuǒyòu de xīběifēng, zhènfēng qī jí.
今晩から明日にかけて、風力5級前後の西北の風が吹きます。最大瞬間風速検出時の風力は7級です。

1-3 今天夜间气温下降6到10度。　Jīntiān yèjiān qìwēn xiàjiàng liù dào shí dù.
今夜の気温は6度から10度下がります。

2-1 现在这样的温度正好。　Xiànzài zhèyàng de wēndù zhènghǎo.
今ぐらいの気温はちょうどいい。

2-2 我也喜欢这样的天儿。　Wǒ yě xǐhuan zhèyàng de tiānr.
私もこのような天候が好きです。

2-3 最受不了七八月份的天气，又闷又热。
Zuì shòubuliǎo qī bā yuèfèn de tiānqì, yòu mēn yòu rè.
7、8月の天候は蒸し暑いので最も耐え難い。

3-1 现在还没到11月，怎么就这么冷呢？
Xiànzài hái méi dào shíyī yuè, zěnme jiù zhème lěng ne?
今はまだ11月にならないというのに、どうしてこんなに寒いのでしょう。

3-2 现在温度都已经在零度左右了。　Xiànzài wēndù dōu yǐjīng zài língdù zuǒyòu le.
今の気温はもう0度前後にまでなっています。

3-3 南北气温的差别可真大啊！　Nánběi qìwēn de chābié kě zhēn dà a!
南北の気温差は本当に大きいですね。

实况录音1 | **听天气预报**
122 | ラジオの天気予報を聞いてみましょう

【练习1　选择正确答案】　　　　　　　　　　　　　**123**
問題を聞き、スキットにあてはまるものを選びましょう。

1　A. 内蒙古中东部　B. 华北北部　　C. 西北北部　　D. 东北地区
2　A. 5 级　　　　　B. 6 级　　　　C. 7 级　　　　D. 8 级
3　A. 黑龙江西部　　B. 内蒙古中部　C. 东北地区　　D. 华北北部
4　A. 10 度　　　　 B. 14 度　　　　C. 16 度　　　　D. 6 度
5　A. 最低气温 0 度　　　　　　　　 B. 0 度
　　C. 下大雪　　　　　　　　　　　 D. 将是今年入冬以来最冷的一天

【练习2　填空】
スキットを聞いて、空欄を埋めましょう。

1　雨雪天气出现在＿＿＿＿＿＿一直到＿＿＿＿＿＿这一地区。
2　今天夜间到明天上午, ＿＿＿＿、＿＿＿＿、＿＿＿＿还有＿＿＿＿,
　　将会出＿＿＿＿＿, 局部地区的能见度甚至会低于＿＿＿＿＿。

単語

继续　jìxù：継続して、引き続き
发布　fābù：発表する、公表する
降温　jiàng wēn：気温低下
消息　xiāoxi：ニュース、情報
内蒙古　Nèiměnggǔ：内モンゴル自治区
华北　Huáběi：華北地区
东北　Dōngběi：東北地区
刮　guā：風が吹く
级　jí：級（風速を13階級に分けたビューフォート風力階級による風力のレベル）
其中　qízhōng：その内、その間
黑龙江　Hēilóngjiāng：黒竜江省
甚至　shènzhì：～さえも

剧烈　jùliè：激しい
哈尔滨　Hā'ěrbīn：ハルピン市（黒竜江省の省都）
几乎　jīhū：ほぼ
经历　jīnglì：経験する
股　gǔ：気体の流れを数える量詞
西藏　Xīzàng：チベット自治区
淮河　Huái Hé：淮河。中国第三の大河で、華南地区と華北地区の境界線。
河北　Héběi：河北省
山西　Shānxī：山西省
雾　wù：霧
局部　júbù：一部分
能见度　néngjiàndù：〈気象〉視程、視界

实况录音 2 | 这样的温度正好
124　今日は気温が低めです

【练习 3　选择正确答案】　**125**
問題を聞き、スキットにあてはまるものを選びましょう。

1　A. 春季　　　　　　B. 夏季　　　　　C. 秋季　　　　　D. 冬季
2　A. 已经是冬天　B. 刚下过雪　　　C. 他有点感冒　D. 天气太冷了
3　A. 春天多穿点儿，秋天少穿点儿　B. 春天、秋天都要多穿点儿
　　C. 春天少穿点儿，秋天多穿点儿　D. 春天、秋天都不要穿得太多
4　A. 穿了　　　　　　　　　　　　　　B. 她认为到了冬天再穿
　　C. 她认为自己的身体很好，不用穿　D. 她想过几天再穿
5　A. 男的觉得那时的天气不舒服　　B. 又闷又热
　　C. 像蒸桑拿一样　　　　　　　　　D. 男的喜欢七八月的天气

単語

厚　hòu：厚い
外套　wàitào：オーバー、コート

俗话　súhuà：ことわざ、格言
捱　ái：辛抱する、苦しめられる
闷　mēn：陰鬱な、（空気が）むっとする
桑拿　sāngná：サウナ

实况录音 3　各地天气差别挺大

126

各地の気温について話しています

【练习 4　判断下列句子的正误】　127

読み上げる文章がスキットと合っていれば○、間違っていたら×を書きましょう。

1 ____　2 ____　3 ____　4 ____　5 ____
6 ____

単語

老家　lǎojiā：故郷
短袖　duǎnxiù：半袖
广州　Guǎngzhōu：広州市（広東省の省都）
气候　qìhou：気候
差别　chābié：違い

スキット1　听天气预报
天気予報を聞く

中央气象台今天下午六点钟，继续发布大风降温消息。今天晚上到明天，内蒙古的中东部、华北北部和东北地区，会刮起5级左右的风，阵风有7级，这些地方的气温会先后下降6到10度，一些地方呢会下降12到14度。其中在内蒙古东部和黑龙江西部的局部地区，甚至会降温14度以上，降温非常地剧烈。像哈尔滨，明天呢，全天的气温几乎都是在0度以下的，会经历入冬以来最冷的一天。明天这股冷空气带来的雨雪并不算多，全国的雨雪天气主要会出现在从西藏的北部一直到淮河流域的这一带地区。不过在冷空气到来之前，今天夜间到明天上午，北京、天津、河北的中部还有山西的南部，将会出雾，局部地区的能见度甚至会低于500米。

中央気象台は本日午後6時に、引き続き大風と気温低下の情報を発表しました。今晩から明日にかけて、内蒙古の中東部および華北北部と東北地区では風力5級前後（風速8〜10m/s程度）、最大瞬間風速が検出される際の風力は7級（風速14〜17m/s程度）の予報です。これらの地域では気温が相次いで6度から10度下がり、一部地域では12度から14度下がる予報です。特に内蒙古東部および黒竜江省西部では局地的に14度以上下がる恐れがあり、厳しい冷え込みとなります。例えばハルピンでは明日、一日を通じて気温が0度以下となり、この冬で最も寒い一日となりそうです。明日はこの寒気による降雨降雪は少なく、全国でも降雨降雪となるのは西蔵北部から淮河流域に到る地域のみとなるでしょう。ただしこの寒気が来る前に、今夜から明日午前にかけて、北京、天津、河北省中部および山西省南部では霧が出る予報で、ところにより視界が500メートルを下回る場合もあるでしょう。

スキット2　这样的温度正好
これくらいの気温がちょうどいい

（在去教室的路上）
女：哎呀，您都穿厚外套啦。
男：嗯，今天天有点儿冷。
女：是啊，刚下过雨嘛，不过俗话说"春捂秋冻"，我还要再捱两天儿。
男：哎哟，你可别感冒啦。
女：不会不会。现在这样的温度正好，十七八度，挺舒服的。
男：哎，其实啊，我也喜欢这样的天儿。最受不了就是那个七八月份，又闷又热，简直像蒸桑拿一样。

（教室に向かう路上で）
女：あら、もう厚いコートを着ているのね。
男：そうさ。今日はちょっと寒いからね。
女：そうね。雨が降ったばかりだからね。でも「春は厚着、秋は薄着」って言うから、私はあと数日我慢するわ。
男：うわー、風邪ひかないようにね。
女：大丈夫よ。これくらいの気温がちょうどいいの。17、8度で、とても気持ちいいわ。
男：そうだね、僕だって、こういう天気が好きだよ。一番たまらないのは7、8月の気候だね。蒸し蒸しして暑くて、まったくサウナみたいだもんな。

スキット 3　各地天气差别挺大
地域ごとの気候はずいぶん違う

男：今天真冷啊！现在还没到 11 月，怎么就这么冷呢？

女：对啊，今天可是真够冷的。我看有的人已经穿上厚毛衣了。

男：在我老家现在还都穿短袖呢。

女：当然。昨天我看天气预报，你们广州那边还二十七八度呢。

男：我们老家的气温正合适，不冷也不热。

女：你知道我们家现在温度是多少吗？

男：东北比较冷，不过不会低于 10 度吧。

女：那你还真是不了解我们那边的气候。

男：难道比这儿还冷？

女：那是当然，现在温度都已经在 0 度左右了。

男：南北气温的差别可真大啊！

男：今日は本当に寒いなあ。まだ 11 月にならないっていうのに、どうしてこんなに寒いんだろう。

女：そうね、今日はひどく寒いわ。もう厚いセーターを着ている人を見たわ。

男：僕の故郷では今頃はまだ半袖を着ているよ。

女：そうでしょうね。昨日、天気予報をみたら、あなたの（故郷の）広州あたりは 27、8 度あったわよ。

男：僕の故郷の気温はちょうどいいんだ。寒くもなく、暑くもなくて。

女：私の故郷が今どれくらいの気温か知ってる？

男：東北地区はわりと寒いけど、10 度以下ではないだろう。

女：まるで東北の気候を分かってないのね。

男：まさかここよりもっと寒いのかい。

女：それは当然よ。今の気温はもう 0 度前後になってるのよ。

男：南方地域と北方地域の気温はずいぶん違うなあ。

谈天气

文法解説

1 局部地区的能见度甚至会低于 500 米
（ところにより視界が 500 メートルを下回る場合もあるでしょう）
能见度："**度**"は物事のある性質が達している程度を表す。"**温度**"（温度・気温）、"**高度**"（高度）、"**知名度**"（知名度）、"**满意度**"（満足度）などの語で用いられる。"**能见度**"は正常な視力により視認することができる最大距離を指し、その数値の良し悪しは天候の影響を受けることが多い。

2 难道比这儿还冷吗? （まさかここよりもっと寒いのかい）
"**难道……吗**"は反語構文で、文中には副詞"**还**"や助動詞"**能**""**会**""**得**"などがよく用いられる。「～するはずがない、～であるはずがない、～とはかぎらない」といった意味を持ち、反論を受け入れないという語気を表すことが多い。
（例）难道你没看见吗?
　　　まさか君は見たことがないっていうのか。（見ていないはずがない）

3 那是当然（それは当然よ）
那是当然："**那当然**"とも言う。問いかけに対する答えで用い、疑う余地もない、必然的な結果であるという意味を表す。
（例）A：我结婚时你来参加吗?
　　　B：那是当然。
　　　A：私が結婚する時、（結婚式に）出てくれる？
　　　B：当然よ。

文法解説

1 淮河流域（淮河流域）
淮河流域は長江流域と黄河流域の間に位置しており、淮河と秦嶺を結ぶラインは古くから中国の地理的および気象的境界線とみなされてきた。このラインより北を"**北方**"、南を"**南方**"と呼ぶ。淮河流域には、湖北省、河南省、安徽省、江蘇省が含まれる。

2 春捂秋冻（春は厚着、秋は薄着）
"**春捂秋冻，不生杂病**"（春に厚着をして秋に薄着をしていれば病気にならない）とは一種の健康標語で、春には急に冬服を脱いではいけない、秋には多少寒くなったからといって厚着をしてはいけない、

春には適度に体を覆い、秋には適度に冷気に当たれば健康によい、という意味である。

練習の問題と解答

【練習1】

1 这次大风降温，不包括下面哪个地方？（今回、大風および気温低下の予報が出ている地域に含まれないのはどこか）
   C．西北地区北部
2 这次大风最大风力多少级？（今回の大風では最大瞬間風速検出時の風力は何級か）　C．7级
3 这次降温幅度最大的是哪儿？（今回、気温の低下幅が最も大きいのはどこか）
   A．黑龙江省西部
4 这次降温幅度最大的是多少度？（今回、最も低下幅が大きいところでは気温は何度下がるか）　B．14度
5 哈尔滨明天的天气怎么样？（ハルピンの明日の天候はどうか）
   D．この冬で一番寒い日になる

【練習2】

1 西藏北部　淮河流域
   降雨降雪が見られるのは西藏北部から淮河流域に到る地域だ。
2 北京　天津　河北中部　山西南部　雾　500米
   今夜から明日午前にかけて、北京、天津、河北省中部、および山西省南部では、霧がでる予報で、ところにより視界が500メートルを下回る場合もあるだろう。

【練習3】

1 这是什么季节？（季節はいつか）　C．秋

2 男的为什么穿厚外套？（男性はなぜ厚いコートを着ているのか）
   D．寒い天候だから
3 "春捂秋冻"是什么意思？（"春捂秋冻"とはどんな意味か）
   A．春には厚着をして、秋には薄着をする
4 女的穿厚外衣了吗？（女性は厚いコートを着ているか）
   D．数日してから着るつもりだ
5 关于这里的七八月天气，下面哪一种说法不对？（この地の7、8月の天候について、スキットの内容に合わないのは次のうちどれか）
   D．男性は7、8月の天候を好んでいる

【練習4】

1 ×
   男的家在东北。（男性の故郷は東北にある）
2 ×
   女的家在广州。（女性の故郷は広州にある）
3 ○
   现在是10月底。（今は10月末だ）
4 ○
   他们觉得现在的天气不应该那么冷。
   （2人は今の天候はこれほど寒くないはずだと考えている）
5 ×
   男的很了解东北的天气。（男性は東北地区の気候を理解している）
6 ○
   南北气候差别很大。（南部と北部の気候には大きな差がある）

第二十一课 安全与事故 | 交通安全と事故

【常用句】この課に出てくるキーフレーズを覚えましょう　128

0-1 希望你们以后严格遵守交通规则。
Xīwàng nǐmen yǐhòu yángé zūnshǒu jiāotōng guīzé.
これからは交通ルールをきちんとまもってください。

1-1 骑自行车不能带人，你不知道吗？
Qí zìxíngchē bù néng dài rén, nǐ bù zhīdào ma?
自転車の2人乗りはいけません。知らないのですか。

1-2 我们真的不知道，下次我们再也不这样了。
Wǒmen zhēnde bù zhīdào, xiàcì wǒmen zài yě bú zhèyàng le.
私たちは本当に知りませんでした。次からはもう同じ事をしません。

1-3 你们把自行车留下，明天带着身份证和20块钱到交通局领自行车。
Nǐmen bǎ zìxíngchē liúxià, míngtiān dài zhe shēnfènzhèng hé èrshí kuài qián dào jiāotōngjú lǐng zìxíngchē.　自転車を置いていって、明日、交通局に身分証と20元を持って行き自転車を受け取ってください。

2-1 现在才6点半，怎么会堵车呢？　Xiànzài cái liù diǎn bàn, zěnme huì dǔchē ne?
まだ6時半だというのに、どうして渋滞が起こるのでしょうか。

2-2 可能是发生交通事故了吧。　Kěnéng shì fāshēng jiāotōng shìgù le ba.
おそらく交通事故が起こったのでしょう。

2-3 他们可能在等交警吧。　Tāmen kěnéng zài děng jiāojǐng ba.
彼らはきっと交通警察を待っているのでしょう。

3-1 你看都出血了，我扶你起来吧。　Nǐ kàn dōu chū xiě le, wǒ fú nǐ qǐlái ba.
血まで出ていますよ。私が助けましょう（＝私につかまって立ってください）。

3-2 真对不起，刚才都怪我，没注意到您。
Zhēn duìbùqǐ, gāngcái dōu guài wǒ, méi zhùyì dào nín.
本当にすみません。私のせいです。あなたに注意を払っていなかったのです。

3-3 那也不能全怪你，刚才我一直在听歌，也没注意。
Nà yě bù néng quán guài nǐ, gāngcái wǒ yìzhí zài tīng gē, yě méi zhùyì.
それは全部あなたのせいというばかりでもありません。先ほど私はずっと音楽を聞いていて、やはり注意を払っていなかったのです。

实况录音 1 | 骑车不能带人

129 自転車で 2 人乗りをして学校に向かっています

【练习 1　选择正确答案】　**130**

問題を聞き、スキットにあてはまるものを選びましょう。

1　A. 发生交通事故了　　　　B. 堵车
　　C. 现在是下班时间　　　　D. 现在是上班时间
2　A. 检查证件　　　　　　　B. 有人骑车带人
　　C. 红灯　　　　　　　　　D. 有人骑车太快
3　A. 到交通局交罚款　　　　B. 没收自行车
　　C. 到交通局领自行车　　　D. 到交通局交罚款，领自行车

単語

笨重　bènzhòng：扱いにくい、かさばる、力のいる
带人　dài rén：（自転車に）人を載せる、2 人乗りする
规定　guīdìng：规定、きまり
规则　guīzé：规则、规律
罚款　fá kuǎn：罚金を課す
交通局　jiāotōngjú：交通局（市の行政機関で、道路・水路・地方鉄道などを管轄する）
领　lǐng：受け取る

安全与事故

实况录音 2 | **可能发生交通事故了**
131 | バスが全然進みません

【练习 2　选择正确答案】
132
問題を聞き、スキットにあてはまるものを選びましょう。

1　A. 红灯　　　　　　　　　B. 发生交通事故了
　　C. 下班时间　　　　　　　D. 上班时间
2　A. 自行车和汽车相撞　　　　B. 摩托车和汽车相撞
　　C. 卡车和小汽车相撞　　　　D. 自行车和公共汽车相撞
3　A. 动物园　　B. 公园　　　C. 邮局　　　D. 银行

単語

堵车　dǔchē：渋滞
事故　shìgù：事故

因为　yīnwèi：～のせいで、～のために
李芳　Lǐ Fāng：（人名）李芳
相撞　xiāngzhuàng：衝突する

实况录音 3	撞车道歉
133	自転車同士で衝突しました

【练习3　回答问题】
質問に中国語で答えましょう。

1　女同学为什么出血了?　_____
2　女同学还能走路吗?　_____
3　他们两个人的态度怎么样?　_____
4　在发生这起事故之前，谁一直在听歌?　_____
5　最后他们去哪儿了?　_____

单语

出血　chū xiě：出血する
扶　fú：～を助け起こす

怪　guài：～のせいにする。～をとがめる、非難する
注意　zhùyì：注意を払う、気を付ける

安全与事故

スキット 1　骑车不能带人
自転車の２人乗りはいけません

(在路边)
男甲：现在怎么那么多人呢？

男乙：现在是下班时间，人当然多了。

男甲：你的自行车太笨重了，再加上你又重，快把我累死了。

男乙：快走吧，马上就到学校了。

警察：停，停，停，停车，停一下。

男甲：怎么了？怎么了？警察同志。

警察：对不起，骑自行车不能带人，你不知道吗？

男甲：对不起。我们真的不知道，下次我们一定不会这样做了。

警察：按规定，违反交通规则是要罚款的。你们先把自行车留下，明天带着身份证和20元罚款到交通局领自行车。给你这张纸条，上面有地址。

男乙：噢，行。我们知道了。

(道ばたで)
男A：今はなんでこんなに人が多いんだろう。

男B：退勤のラッシュの時間帯だからね、人は当然多いよ。

男A：君の自転車はやたら重いな、おまけに君の体重も加わってるから、もう僕ヘトヘトだよ。

男B：さあ早く早く。もうすぐ学校に着くさ。

警官：停まって、停まって、そこの自転車、停まってください。

男A：何ですか、どうしたんですか、おまわりさん。

警官：あのですね、自転車の２人乗りはいけません。知らないのですか。

男A：すみません。僕たちほんとに知らなかったんです。次からはもうしません。

警官：規定により、交通規則の違反は罰金が課せられます。今は自転車をここに置いていって、明日、身分証と20元の罰金をもって交通局まで自転車を取りに来てください。この紙をお渡しします。住所が書いてあります。

男B：ああ、はい。そうします。

スキット 2　可能发生交通事故了
たぶん交通事故があったのね

(公交车上)
同学：今天汽车是怎么回事呢？走得特别慢。

李芳：对啊。现在才六点半，怎么会堵车了呢？

同学：真的堵车了，你看看前面有很多车。

(バスで)
同級生：今日のバスはどうしたのかしら。随分進み方が遅いけど。

李芳　：そうね。まだ６時半なのに、どうして渋滞しているのかしら。

同級生：まさしく渋滞ね。見て、前の方であんなに車がつながってる。

第二十一課

李芳：可能是发生交通事故了吧。这个时候堵车一般都是因为出现了交通事故。	李芳 ：たぶん交通事故があったのね。こんな時間に渋滞するのはみんな交通事故のせいだから。
同学：你看，李芳，前面就是出现了交通事故。是一辆卡车和一辆小汽车相撞了。	同級生：みて、李芳、あそこで交通事故があったのよ。トラックと乗用車が衝突してる。
李芳：他们可能在等交通警察吧。	李芳 ：あの人達はきっと交通警察を待ってるのね。
同学：那我们也要陪着他们等了。	同級生：じゃあ私たちも一緒に待たなきゃいけないわね。
李芳：没办法，他们刚好在马路中间。	李芳 ：仕方ないわね。ちょうど道路の真ん中（で事故が起こっているの）だから。
同学：唉，看来我们七点不能到公园了。	同級生：あーあ、私たち、7時に公園に着くのは無理そうね。
李芳：你看交警来了。	李芳 ：交通警察が来たわよ。
同学：噢，太好了。	同級生：ああ、よかった。

スキット3 ｜ 撞车道歉
衝突のお詫び

男：哎，哎，哎！	男 ：ちょっと、ちょっと、あー！
女：哎！	女子学生：きゃあ！
男：同学你没事吧？	男 ：大丈夫ですか。
女：嗯，应该没事吧。	女 ：ええ、大丈夫だと思います。
男：你看都出血了，我扶你起来吧，先。	男 ：おや、血も出てますよ、まず僕につかまって立ってください、どうぞ。
女：行，谢谢。	女 ：ええ、どうも。
男：你看能走吗？	男 ：歩けそうですか。
女：嗯，差不多吧。	女 ：ええ、大丈夫でしょう。
男：真对不起，刚才都怪我，没有注意到你。	男 ：本当にすみません。僕が悪かったです。あなたに気を付けていなくて。
女：那也不能全怪你了，刚才我也一直在听歌儿，没有注意。	女 ：あなたのせいばかりでもありませんよ。私もずっと音楽を聞いていて、気をつけていなかったのです。
男：不管谁对谁错吧，咱们先去医院吧。	男 ：誰のせいというのは置いておいて、まず病院に行きましょう。
女：嗯，不用了吧，也没什么伤。	女 ：ええと、そこまでしなくても。たいしたケガではないし。
男：你看都出血了，咱们还是赶快去医院吧。	男 ：だって血も出てますよ。やっぱり急いで病院に行きましょうよ。
女：那也行，那谢谢啊。	女 ：じゃあそうします。ありがとうございます。
男：走吧。	男 ：行きましょう。

安全与事故

文法解説

1 怎么会堵车呢?（どうして渋滞しているのかしら）
怎么会……呢：すでに発生した出来事について、あるいは誰かが説明した状況について疑念を持ち、こうした出来事は起こり得ないと感じていることを表す。
（例）天气这么暖和怎么会下雪呢?
　　　こんなに暖かい天気なのに雪が降るというのですか。

2 那我们也要陪着他们等了
（じゃあ私たちも一緒に待たなきゃいけないわね）
陪着：この例文では、誰かと一緒に、やりたくないことを、仕方なくしなければならない、という意味を表している。しかし通常は、自ら進んで手助けをする、あるいは誰かと一緒に何かをする、という意味である。
（例）他挨经理骂，我们也陪着挨骂，真倒霉!
　　　彼がマネジャーから怒られると、私たちも一緒に怒られるのよ。いやになっちゃう。

3 看来我们七点不能到公园了
（私たち、7時に公園に着くのは無理そうね）
看来：いまの状況をもとに予想したり推測したりした内容を述べるときに用いる。意味や用法が近い言葉に"**看样子**"や"**看起来**"がある。
（例）看样子天要下雨了。
　　　どうやら雨が降ってきそうだ。

4 你看能走吗?（歩けそうですか）
看：思う、考える。ここではいまの状況をもとに下した判断内容を述べる意味で用いられている。
（例）你看这样行吗?
　　　こんなやり方でいいと思いますか。

5 刚才都怪我，没注意到您
（僕が悪かったです。あなたに気を付けていなくて）
怪：後ろに目的語となる名詞を置き、〜を非難する、〜をとがめる、〜を不満に思う、〜のせいだ、という意味を表す。目的語との間に"**过**"を置くこともある。
（例）他常常犯错误，可是妈妈从来没有怪过他。
　　　彼はよく間違えるが、母親は一度もそれを責めたことはない。

6 不管谁对谁错吧，咱们先去医院吧
（誰のせいというのは置いておいて、まず病院に行きましょう）

不管：接続詞。疑問詞疑問文や、短いフレーズを並列させた文で用いられることが多い。いかなる状況下においても、結果や結論は変わらないということを表す。しばしば"**都**"や"**也**"とともに用いられる。

（例）他不管有多忙，每天都要抽出时间锻炼身体。
　　　彼はどれだけ忙しくとも、毎日体を鍛える時間をとることにしている。

練習の問題文と解答

【練習1】
1 为什么路上有很多人？（道路に人が多いのはなぜか）
　　C．退勤ラッシュの時間帯だから
2 警察同志为什么喊"停"？（警官はなぜ「停まれ」と叫んだのか）　B．自転車で2人乗りをしている人がいたから
3 警察是怎么处理的？（警官はどのように処理したか）　D．交通局で罰金を払い、自転車を受け取る

【練習2】
1 为什么会堵车？（どうして渋滞しているのか）　B．交通事故があったから
2 发生了什么交通事故？（どのような交通事故が起こったのか）
　　C．トラックと乗用車の衝突
3 他们要去哪儿？（2人はどこに行こうとしているか）　B．公園

【練習3】
1 女子学生はなぜ出血したのか
　　因为撞车摔倒了。
2 女子学生はケガをした後も歩けるか
　　能走路。
3 2人はどのような態度か
　　互相很礼貌，表示歉意。
4 この事故が起こる前、ずっと音楽を聞いていたのは誰　**女同学**
5 彼らは結局どこに行ったか　**医院**

第二十二课 租房 | 部屋を借りる

【常用句】この課に出てくるキーフレーズを覚えましょう　　134

1-1 可以说说您的具体要求吗？　Kěyǐ shuōshuo nín de jùtǐ yāoqiú ma?
お客様の具体的な希望条件をおっしゃっていただけますか。

1-2 租金贵一点儿没关系，近一些最好。
Zūjīn guì yìdiǎnr méi guānxi, jìn yìxiē zuì hǎo.
家賃が多少高くてもかまいません。近いのがいいです。　＊租金 zūjīn：賃貸料

1-3 这房子在附近，两室一厅，装修也不错，一个月1500。
Zhè fángzi zài fùjìn, liǎng shì yì tīng, zhuāngxiū yě búcuò, yí ge yuè yìqiān wǔ.
この物件はこの近くにあり、2DKで、内装もよくて、ひと月1500元です。

1-4 那么您有时间过来登个记，和房主见个面，再谈谈具体事情。
Nàme nín yǒu shíjiān guòlái dēng ge jì, hé fángzhǔ jiàn ge miàn, zài tántan jùtǐ shìqíng.
ではお時間のあるときに手続きにいらしてください。家主様とお会いになったときに細かい事柄は相談してください。

2-1 听说您已经跟中介公司联系过了。　Tīngshuō nín yǐjīng gēn zhōngjiè gōngsī liánxìguo le.　不動産屋さんにはもう連絡をなさったそうですね。

2-2 我们这个房子是刚刚装修过的，住了不到一年。
Wǒmen zhège fángzi shì gānggāng zhuāngxiūguo de, zhùle búdào yì nián.
この部屋は内装を整えたばかりですよ。住み始めてから1年も経っていません。

2-3 装修还不错，冬天暖气热不热？　Zhuāngxiū hái búcuò, dōngtiān nuǎnqì rè bu rè?
内装はきれいですね。冬の暖房は暖かいですか。

2-4 那就这样，一个月1500。我们去办一下手续吧。
Nà jiù zhèyàng, yí ge yuè yìqiān wǔ. Wǒmen qù bàn yíxià shǒuxù ba.
ではそうしましょう。ひと月1500元。私たち手続きをしに行きましょう。

3-1 我有一些东西想从红磡公寓搬到师范大学。
Wǒ yǒu yìxiē dōngxi xiǎng cóng Hóngkàn gōngyù bāndào Shīfàn Dàxué.
紅磡公寓から師範大学まで運びたい荷物があります。

3-2 我们到了就打这个电话跟您联系。　Wǒmen dàole jiù dǎ zhège diànhuà gēn nín liánxì.　私たちは到着したらこの電話（番号）にご連絡します。

实况录音 1	租房
135	不動産屋さんに来ました

【练习 1　判断下列句子的正误】　136
読み上げる文章がスキットと合っていれば〇、間違っていたら×を書きましょう。

1 ___　　2 ___　　3 ___　　4 ___　　5 ___　　6 ___

単語

租 zū：有料で貸す。有料で借りる
要求 yāoqiú：希望、要求、条件
装修 zhuāngxiū：（家屋の）内装
房主 fángzhǔ：（家屋の）大家、貸主、家主
谈 tán：話し合う

租房　179

实况录音 2 | 我听中介公司这样说的
137 貸主と一緒に物件を見ています

【练习 2　填空】
スキットを聞いて、中国語で空欄を埋めましょう。

1　这套房子的装修情况　_____
2　这套房子的供暖情况　_____
3　这套房子的出租原因　_____
4　这套房子的租金　　　_____

単語

中介　zhōngjiè：仲介（する）
生意　shēngyi：商売、ビジネス
因此　yīncǐ：そのため
供暖　gōng nuǎn：暖房する
集体　jítǐ：集中管理方式の

实况录音 3 | 我是兄弟搬家公司
138 | 引越会社に荷物の運搬を頼みます

【练习 3　选择正确答案】 139
問題を聞き、スキットにあてはまるものを選びましょう。

1　A. 师范大学　　B. 天津大学　　C. 北京大学　　D. 西方大学
2　A. 5层到12层　B. 12层到5层　C. 5层到5层　　D. 12层到2层
3　A. 10个　　　　B. 18个　　　　C. 28个　　　　D. 8个
4　A. 250元　　　 B. 350元　　　 C. 150元　　　 D. 50元
5　A. 今天上午10点　　　　　　　B. 今天下午4点
　　C. 明天下午4点　　　　　　　D. 明天上午10点

単語

电梯　diàntī：エレベーター
箱　xiāng：箱状の物を数える量詞。～箱
领路　lǐng lù：道案内をする

スキット1 | 租房
部屋を借りる

(在中介公司)
女：您好。
男：您好，我想咨询点儿事情。
女：好的。您想咨询点儿什么事呢?

男：我想租房。
女：可以说说您的具体要求吗?

男：两室一厅就可以。
女：好的。您稍等! 我帮您查查。

男：好的。要装修好一点儿的。

女：您准备在附近租吗? 附近的可能会贵一点儿。

男：贵一点儿没关系，近一些就好。我们都在这边儿工作。

女：噢，这里倒是有一个，不知道您觉得怎么样?

男：您介绍一下吧。
女：这房子在附近，两室一厅，装修也不错，一个月1500。您看怎么样?

男：我觉得还行吧。
女：如果您觉得行，那么您有时间过来登记一下，我给您约一下房主，你们见个面，具体事情再谈。

男：好的。我今天下午就过去。

女：好的。我帮您联系。

(不動産屋で)
業者：いらっしゃいませ。
客　：こんにちは。ちょっとお尋ねしたいのですが。
業者：はい。どのようなお問い合わせですか。
客　：部屋を借りたいのです。
業者：お客様の具体的なご希望をおっしゃっていただけますか。
客　：2DKならいいのです。
業者：分かりました。お調べしますので少々お待ちください。
客　：はい。内装のいい部屋をお願いします。
業者：この近くで借りるご予定ですか。この近辺だと少し高いと思われますが。
客　：少し高くてもかまいません。近いほうがいいのです。うちの者は皆、この近辺で働いていますので。
業者：そうですか。ここに1件ありますが、どのようにお感じになりますでしょうか。
客　：ちょっと紹介してみてください。
業者：この物件はこの近くにあり、2DKで、内装もよくて、ひと月1500元です。いかがですか。
客　：いいみたいですね。
業者：よろしいようでしたら、お時間のあるときに手続きにいらしてください。家主様にも来ていただきますので、お会いになり、細かい事柄はその時に相談してください。
客　：分かりました。今日の午後に行ってみます。
業者：そうですか。ではこちらから連絡しておきます。

スキット 2　我听中介公司这样说的
不動産屋さんからそう聞きましたよ

（在房主人家）
房主：请进。
房客：您好，我是来看房子的。

房主：哦，听说您已经跟中介公司联系过了。
房客：是的。
房主：那么你进来看看房子吧。

房客：好的。
房主：您看，我们这个房子是刚刚装修过的，只住了不到一年，因为我们在其他地方有生意，所以这里不住了。因此才想把它租出去，不是要去别处做生意我说什么也不会租的。

房客：是吗？装修还不错。冬天供暖怎么样？

房主：这个您不用担心，我们这个是集体供暖，到了冬天这个屋里住着舒服极了，不冷也不热。我们谈谈价钱吧。

房客：不是一个月1500吗？我听中介公司这样说的。

房主：那就这样，一个月1500。我们去办一下手续吧。

房客：好。

（貸主の家で）
貸主　：お入りください。
見学者：こんにちは。部屋を見に来た者です。

貸主　：ああ、業者さんにはもう連絡をなさったそうですね。
見学者：そうです。
貸主　：ではお入りになって、部屋をご覧くださいな。

見学者：はい。
貸主　：ご覧ください。この部屋は内装を整えたばかりですよ。住み始めてから1年も経っていないのですから。私たちはよそで商売をしているから、ここには住まないことにしたんですよ。それで、この部屋を賃貸に出そうと思ったわけで、商売のことがなければちっとも貸しに出すつもりはなかったんですよ。

見学者：そうですか。内装はきれいですね。冬の暖房はどうなっていますか。

貸主　：それはご心配なく。ここはセントラルヒーティングで、冬になれば室内はとても快適ですよ。寒くもなく、暑くもなく。料金のお話をしましょうか。

見学者：ひと月1500元なのではありませんか。不動産屋さんからそう聞きましたよ。

貸主　：ではそうしましょう。ひと月1500元。私たち手続きをしに行きましょう。

見学者：分かりました。

スキット3 | 我是兄弟搬家公司
ブラザー引越会社です

(给搬家公司打电话)

搬家公司：您好，兄弟搬家公司。

学生：您好，我有一些东西想从红磡公寓搬到师范大学。

公司：红磡公寓到师范大学，是吗？

学生：嗯，对。

公司：两边儿各是几楼？

学生：红磡公寓这儿是12楼，有电梯；师范大学那儿是5楼。

公司：嗯。您有几个包儿？

学生：嗯，两箱书，3箱用品，3包衣物。

公司：嗯，8个包，对吗？

学生：对。您看得需要多少钱？

公司：嗯，150块钱。

学生：噢，那行。明天上午10点过来，可以吗？

公司：嗯，可以。我们到了就给您打这个电话跟您联系，您来领一下路，行吗？

学生：好的，那明天见。

公司：嗯，明天见。

(引越会社に電話をかける)

引越会社：もしもし、ブラザー引越会社です。

学生：もしもし、紅磡公寓から師範大学まで運びたい荷物があるのですが。

会社：紅磡公寓から師範大学ですね。

学生：ええ、そうです。

会社：それぞれ何階ですか。

学生：紅磡公寓のほうが12階で、エレベーターがあります。師範大学の方は5階です。

会社：そうですか。荷物はいくつあるのですか。

学生：ええと、本が2箱、雑貨が3箱、服が3箱です。

会社：そうですか。8つの荷物ですね。

学生：そうです。いくらぐらいでしょうか。

会社：ええと、150元です。

学生：ああ、それで結構です。明日の午前10時に来てもらえますか。

会社：ええ、いいですよ。着いたらお客様に電話しますので、道案内をしていただけますか。

学生：分かりました。では明日お願いします。

会社：ええ、よろしくお願いします。

文法解説

1. **我给您约一下房主**（家主様にも来ていただきます）
   给：この場合は前置詞として、動作の対象を示す。対象が利益を得る場合にも被害を受ける場合にも用いられる。
   （例）对不起，我给你的衣服弄脏了。
   　　　すみません、あなたの服を汚してしまいました。

2. **因为我们在其他地方有生意，所以这里不住了**（私たちはよそで商売をしているので、ここには住まないことにしました）
   生意：商業取引などの活動を指す。ビジネス、商売。会話表現では"**买卖**"も同様の意味合いで用いられる。
   （例）他爸爸是做生意的。
   　　　彼のお父さんは商売をしている人です。

3. **两边儿各是几楼？**（その2箇所はそれぞれ何階の場所ですか）
   各：副詞。それぞれ。一人、あるいは一つにとどまらない事物が同じ事を行うこと、あるいは同じ条件・属性を持っていたりすることを表す。
   （例）左右两边各有一个门。
   　　　左右両側にそれぞれ1つずつドアがあります。

4. **您来领一下路，行吗？**（お越しいただき道案内をしていただけますか）
   领路：離合詞。道案内をする。"**领**"は指導する、手引きする、案内するといった意味で、後ろにしばしば"**一下儿**"や"**着**"をつけて用いられる。
   （例）让姐姐领着你去吧，过马路小心。
   　　　お姉さんに連れて行ってもらいなさい。道路を渡るときは気をつけてね。

文化解説

1 両室一庁（2LDK）

両室一庁：家屋の部屋構成を指す。"**両室**"は寝室が2部屋あること、"**一庁**"は応接室を指す。"**両室一庁**"は通常、寝室2間、応接室1間のほかにトイレ・キッチン・ベランダがある。部屋構成は他に"**一室一庁，三室一庁，三室両庁**"などがあり、もっと大規模な場合もある。

練習の問題文と解答

【練習1】

1 ×
男的想买房子。(男性は部屋を購入したいと考えている)

2 ×
男的要租三室一厅的房子。(男性は3Kの部屋を借りようとしている)

3 ○
男的觉得房子的租金贵一点儿没有关系。(男性は部屋の賃料が多少高くても構わないと思っている)

4 ×
有一套房子一个月租金2500元。(1件見つかった部屋の賃料はひと月2500元だった)

5 ×
男的不想租这个房子。(男性はこの部屋を借りようとは思わなかった)

6 ○
男的同意和房主见面。(男性は家主と面会することに同意した)

【練習2】

1 この部屋の内装　**是刚刚装修过的。**

2 この部屋の暖房設備　**是集体供暖。**
3 この部屋を貸し出す理由　**房主在其他地方有生意，所以这里不住了。**
4 この部屋の家賃　**一个月1500元。**

【練習3】

1 这个人想把东西从红磡公寓搬到哪儿？（この人物は荷物を紅磡公寓からどこまで運びたいのか）　A．師範大学
2 这个人从几层楼搬到几层楼？（この人物は何階から何階へ荷物を運びたいのか）
B．12階から5階へ
3 这个人总共有几个包？（この人物は合計でいくつの荷物があるか）　D．8個
4 总共需要多少钱？（合計でいくら必要か）
C．150元
5 搬家公司什么时候过来搬东西？（引越し会社は荷物を運ぶために何時に来るか）
D．明日の午前10時

第二十三课　借东西 | 物を借りる

【常用句】この課に出てくるキーフレーズを覚えましょう　　140

1-1 我想借你的笔记用一下。　Wǒ xiǎng jiè nǐ de bǐjì yòng yíxià.
あなたのノートを借りて少し使わせてほしいのですが（＝ノートを貸してくれませんか）。

1-2 我把笔记放在宿舍了，现在回去拿。
Wǒ bǎ bǐjì fàngzài sùshè le, xiànzài huíqù ná.
ノートは寮に置いてあるので、今、取りに戻ります。

1-3 今天晚上我先用一下，争取明天还给你。
Jīntiān wǎnshang wǒ xiān yòng yíxià, zhēngqǔ míngtiān huán gěi nǐ.
今晩ちょっと使わせてもらい、明日には返せるように（努力）します。

1-4 我跟你开玩笑呢。　Wǒ gēn nǐ kāi wánxiào ne.
私は冗談を言ったのですよ。

2-1 今天是交学费的最后一天，我银行卡里没钱了。
Jīntiān shì jiāo xuéfèi de zuìhòu yì tiān, wǒ yínhángkǎli méi qián le.
今日は学費を支払う最終日なのですが、銀行キャッシュカード（の残高）にお金が無くなってしまいました。

2-2 你现在手头儿有钱吗？先借我点儿。
Nǐ xiànzài shǒutóur yǒu qián ma? Xiān jiè wǒ diǎnr.
今、手元にお金はありますか。ちょっと貸してください。

2-3 我现在身上没有那么多钱，不过卡里有。
Wǒ xiànzài shēnshang méiyǒu nàme duō qián, búguò kǎli yǒu.
今、手元にはそんなに多くのお金はありませんが、（銀行のキャッシュ）カードには（残高が）あります。

2-4 跟我还客气什么，咱俩谁跟谁啊。Gēn wǒ hái kèqi shénme, zán liǎ shuí gēn shuí ā.
私に対してなにを気を遣っているのですか。私とあなたの仲ではありませんか。

2-5 我一有钱马上就还你。　Wǒ yì yǒu qián mǎshàng jiù huán nǐ.
お金が入ったらすぐに返します。

3-1 那我就恭敬不如从命啦。　Nà wǒ jiù gōngjìng bù rú cóng mìng la.
それでは、お言葉に甘えることにしますね。

实况录音 1 | **我想借你笔记用一下**
141 | 张俞は杨子にノートを借りようとしています

【练习1　选择正确答案】　142
問題を聞き、スキットにあてはまるものを選びましょう。

1　A. 不想去　　　　B. 有事儿　　　　C. 生病了　　　D. 放假了
2　A. 教室　　　　　B. 家里　　　　　C. 宿舍　　　　D. 想不起来
3　A. 明天　　　　　B. 今天　　　　　C. 后天　　　　D. 大后天
4　A. 张俞让杨子请他吃饭　　　　B. 杨子想请张俞吃饭
　　C. 杨子想让张俞请她吃饭　　　D. 杨子是在开玩笑

单語

杨子　Yángzi：(人名) 楊さん
张俞　Zhāng Yú：(人名) 張兪

生病　shēng bìng：病気になる
借　jiè：借りる、貸す
争取　zhēngqǔ：実現に向けて努力する
开玩笑　kāi wánxiào：冗談を言う

借东西 | 189

实况录音 2 | 咱俩谁跟谁啊
143
叶子の部屋に强子があわててやってきました

【练习2　选择正确答案】
144
問題を聞き、スキットにあてはまるものを選びましょう。

1　A. 要考试了　　B. 他遇到了麻烦
　　C. 要交学费，钱不够　　D. 要交书费，钱不够
2　A. 50元　　B. 500元　　C. 5000元　　D. 不清楚
3　A. 身上　　B. 卡里　　C. 家里　　D. 教室里

単語

叶子　Yèzi：（人名）葉さん
强子　Qiángzi：（人名）強さん
塌　tā：落ちる、倒壊する
十万火急　shí wàn huǒ jí：緊急用件である
差　chà：不足する
手头儿　shǒutóur：身の回り。手元にあるお金、懐具合

实况录音 3 | **恭敬不如从命**
145 | 吴坤は自転車が壊れてあせっているようです

【练习 3　回答问题】
質問に中国語で答えましょう。

1　吴坤的车子怎么了?　_____
2　吴坤准备去哪儿?　_____
3　最后吴坤怎么去的?　_____

単語

瞧 qiáo：見る　　　　　　　　　接 jiē：出迎える

スキット1　我想借你笔记用一下
ノートを貸してくれませんか

（两位同学在学校里相遇）
张俞：杨子!
杨子：哎，张俞，你好!
张俞：你好，嗯，不好意思，上个星期我生病了没有去上课，想借你的笔记用一下。

杨子：好的，没问题。等我找一下。（翻书包）啊呀，张俞，真不好意思，我把笔记放在宿舍了，我现在回去拿好吗？

张俞：那我陪你去吧。
杨子：好的。走吧。
（杨子上楼拿笔记，然后再下楼）
杨子：哎，张俞，给你。改天请我吃饭噢。

张俞：一定的。哦，那个，今天晚上我先用一下，然后争取明天还给你。

杨子：好的。
张俞：要不我先请你吃饭吧。
杨子：啊呀，不用了，我跟你开玩笑的。

张俞：那好啦，我先走了，再见。

杨子：拜拜。

（キャンパスでクラスメイトと会う）
楊さん：楊ちゃん。
楊さん：あら、張兪、こんにちは。
張兪　：やあ。あの、申し訳ないんだけど、先週の授業に病気で出られなかったから、きみのノートを貸してもらえないかな。

楊さん：ええ、いいわよ。待ってね。（カバンの中を探す）あら、張兪、ごめんね、ノートは寮に置いてあるの。今、取りに行ってもいいかしら。

張兪　：じゃあ、一緒に行くよ。
楊さん：うん。いこう。
（楊子はノートを取りに寮に入り、出てくる）
楊さん：張兪、どうぞ。いつか食事をおごってよ。

張兪　：きっとそうするよ。ええと、そうだな、（ノートは）今夜貸してもらって、明日にはきみに返せるようにがんばるよ。

楊さん：分かったわ。
張兪　：なんなら先に食事をおごろうか。
楊さん：あら、いいのよ、私は冗談を言ったんだから。

張兪　：そうかい。じゃあ行くよ。またね。

楊さん：バイバイ。

スキット2　咱俩谁跟谁啊
私とあなたの仲じゃないの

（在叶子的宿舍）
叶子：谁啊?
强子：是我，叶子，强子。
叶子：噢，是你呀，什么事啊? 这么急! 天又没塌下来。

强子：十万火急，今天交学费最后一天，我的银行卡里没有钱了，真的我就差500块钱，你现在手头儿有钱吗? 先借我点儿。

叶子：哦，是这样啊，我现在身上没有那么多钱，不过卡里有。嗯，那你等我一会儿吧，我下楼给你取。

强子：啊呀，太好了，真的非常感谢你!

叶子：嗨，还，跟我还客气什么，咱俩谁跟谁啊。

强子：那行，我一有钱就马上还你。

叶子：没事，不着急，你先拿着用吧。我钱还够花呢。

强子：那行，你真太好了。

（寮の葉さんの部屋で）
葉さん：どなたですか。
強さん：葉ちゃん、僕だよ、強子だよ。
葉さん：あら、あなただったの。どうしたの、そんなに慌てて。空が落ちてきたわけでもあるまいに。

強さん：緊急事態なんだ。今日が学費支払の最終日なのに、キャッシュカードの残高がなくなっちゃって、500元足りないんだ。今、手元にお金はあるかい。いったん貸してくれないかな。

葉さん：まあ、そうなの。今、手元にはそんなにお金はないけど、キャッシュカードには入ってるわ。そうね、じゃあちょっと待ってて。下の階で（あなたのために）引き出してくるわ。

強さん：わあ、よかった。本当に感謝するよ。

葉さん：なによ、そんな。私に気を遣うことなんかないわ。私とあなたの仲じゃないの。

強さん：そうかい。お金が入ったらすぐに返すよ。

葉さん：大丈夫よ、ゆっくりでいいわ。まずは持っていって使ってよ。私が使う分のお金はあるから。

強さん：わかったよ。きみ本当にいい人だなあ。

スキット 3 | 恭敬不如从命
お言葉に甘えます

（在学校的车棚里）
女同学：哎，吴坤，你怎么在这儿啊？
吴　坤：哦，我的车子好像出了点儿问题，呃，今天上午来学校的时候还好好儿的，怎么现在，你看，你瞧，唉！

女同学：哎，你要急着去哪儿啊？

吴　坤：不，唉，你看，我要去接，接我弟弟放学啊，你看时间马上就要到了。

女同学：噢，那这样吧，你先用我的呗。

吴　坤：哎，不行，那多不好意思。

女同学：嗯，没事啊，反正，你快去吧，别让弟弟等久了。

吴　坤：啊，太不好意思啦。
女同学：哎呀，没事没事的。
吴　坤：那我就恭敬不如从命啦。

女同学：呵呵，快去吧。
吴　坤：嗯，好。
女同学：拜拜。
吴　坤：拜拜。

（学校の自転車置き場で）
女子学生：あら、呉坤、どうしたの。
呉坤：ああ、なんか僕の自転車がおかしいみたいなんだ。ああもう、今朝学校に来たときは何ともなかったのに、どうしたんだいったい。ね、ほら。ああ。

学生：ねえ、急いでどこかに行くつもりなのね。

呉坤：いや、うん、ね。僕は弟を迎えに…迎えに行くんだ、下校時間だから。ほら、もう時間になっちゃうよ。

学生：あら。じゃあ、こうしよう。とりあえず私の自転車を使ってよ。

呉坤：ええっ、そりゃいけないよ。そりゃ申し訳ないよ。

学生：あら、いいのよ。それにしても、早く行かなくちゃ。弟さんを待たせちゃだめよ。

呉坤：いやあ、悪いよ。
学生：もう、いいからいいから。
呉坤：じゃあお言葉に甘えることにするよ。

学生：（笑い声）早く行ったら。
呉坤：うん。そうするよ。
学生：バイバイ。
呉坤：バイバイ。

文法解説

1 争取明天还给你（明日には返せるようにします）
争取：何らかの行動や目標を成し遂げるよう全力を尽くすこと。
（例）我们争取6点之前把工作做完。
　　　6時までに全力で仕事を終わらせましょう。

2 你现在手头儿有钱吗？（今、手元にお金はありますか）
手头儿："手头儿上"とも言う。会話で使われる表現で、携帯している金銭を指すことが多い。経済状況の意味で使われることもある。また、金銭ではなく、身の回り、すなわち簡単に手が届く場所のことも指す。
（例）我有一本《现代汉语词典》，不过不在手头儿上。
　　　私は『現代漢語詞典』を1冊持っていますが、手元にはありません。

3 咱俩谁跟谁啊（私とあなたの仲ではありませんか）
谁跟谁：両者の関係が良好で分け隔てのない、遠慮はいらない間柄であるという意味。こうした言い回しは疑問文としての"谁跟谁"とは異なり、誰か具体的な人物について質問しているのではない。また、後ろには他に言葉が続かないことが多い。
（例）咱俩谁跟谁啊，你就放心吧，我一定帮你。
　　　私とあなたの仲じゃないですか。安心してください。きっとお助けしますよ。

4 那多不好意思（それは申し訳ないことです）
那多不好意思：他人に不便や面倒を強いることになる場面でよく使われる言い回し。"那太不好意思了"や"真不好意思"と同様の意味。
（例）我一直用你的相机，多不好意思啊。
　　　あなたのカメラを私がずっと使うのでは、申し訳ありません。

5 那我就恭敬不如从命啦（それでは、お言葉に甘えることにしますね）
恭敬不如从命：控えめで礼にかなった態度で固辞するよりも、むしろ相手の意見に従うほうがよい、という意味。もてなしや贈り物を受ける場合に用いられることが多い。
（例）恭敬不如从命，我明天下班后就去。
　　　お言葉に甘えて、明日、勤めが終わったらお邪魔します。

文化解説

1 什么事啊? 这么急! 天又没塌下来。(どうしたのですか、そんなに慌てて。空が落ちてきたわけでもあるまいに)

天又没塌下来：誇張表現。"**天塌不下来**"(空が落ちるわけがない)とも言う。状況が相手の言っているほど悪くない、あまり心配し過ぎない方がよい、解決できない問題はない、といった意味を伝える。なだめたりリラックスさせたりするニュアンスがある。時には、相手の心配や慌てぶりが過剰だと感じている話し手が、相手を責める語気や相手を面倒に感じる語気を表すこともある。

（例）干吗这么担心呢? 天又没塌下来!
　　　どうしてそんなに心配するのですか。空が落ちてきたというわけでもあるまいに。

2 十万火急（緊急事態なんだ）

十万火急：状況がとても差し迫っており、先延ばしや遅れが許されないという事態の表現。古代において、急いで届けなければならない緊急の文書には目印としてこの四字が記されていた。

（例）这事十万火急，你赶快去办。
　　　これは緊急なので、あなたはすぐに実行してください。

練習の問題文と解答

【練習1】

1 上个星期张俞为什么没去上课？（先週、張兪が授業に出なかったのはなぜか）
 C．病気になったから
2 杨子把笔记放在哪儿了？（楊さんはノートをどこに置いていたか）　C．寮
3 张俞准备什么时候还笔记？（張兪はノートをいつ返すつもりか）　A．明日
4 他们谁要请谁吃饭？（誰が誰に食事をおごるのか）　D．楊さんは冗談を言っている

【練習2】

1 强子为什么那么着急？（強さんはなぜ慌てていたか）
 C．学費を払うのにお金が足りないから
2 强子缺多少钱？（強さんの足りないお金はいくらか）　B．500元
3 叶子的钱放在哪儿？（葉さんのお金はどこにあるか）
 B．キャッシュカード（銀行口座）

【練習3】

1 吴坤的自行车はどうしたのか
 好像出了点儿问题。
2 吴坤はどこに行くつもりか
 准备去接他弟弟放学。
3 结局、吴坤はどうやって行ったか
 用女同学的车子去的。

借東西 | 197

第二十四课 购物（二） | ショッピング (2)

【常用句】この課に出てくるキーフレーズを覚えましょう　　146

1-1 咱们好像好久没来书店了吧？　Zánmen hǎoxiàng hǎojiǔ méi lái shūdiàn le ba?
私たち、ずいぶん長いこと本屋さんに来ていなかったような気がしますね。

1-2 听说最近出了很多新书呢。　Tīngshuō zuìjìn chū le hěn duō xīnshū ne.
最近は新刊書がたくさん出ているそうです。

1-3 你买这本我就买那本，这样咱们就可以交换着看了。
Nǐ mǎi zhè běn wǒ jiù mǎi nà běn, zhèyàng zánmen jiù kěyǐ jiāohuàn zhe kàn le.
あなたがこの本を、私がこの本を買います。そうすれば、私たちは交換して読むことができます。

1-4 对啊，我怎么就没想到呢？　Duì a, wǒ zěnme jiù méi xiǎngdào ne?
そうですね、いままでどうして思いつかなかったのでしょう。

2-1 您想买什么价位的？　Nín xiǎng mǎi shénme jiàwèi de?
どれくらいの価格の物をお買い求めになる予定ですか。

2-2 只要手机质量好一点儿，待机时间长一点儿的就可以了。
Zhǐyào shǒujī zhìliàng hǎo yìdiǎnr, dàijī shíjiān cháng yìdiǎnr de jiù kěyǐ le.
携帯電話の品質がよくて、連続待ち受け時間が長い（電池の持ちがよい）ならそれでいいのです。

2-3 报价2500，打折后只要2000。
Bàojià liǎngqiān wǔ, dǎzhé hòu zhǐyào liǎngqiān.
値札の売値は2500元ですが、割引すると2000元になります。

3-1 您这儿可以交手机费吗？　Nín zhèr kěyǐ jiāo shǒujīfèi ma?
こちらでは携帯電話の料金を払うことができますか。

3-2 你的手机是联通的还是移动的？　Nǐ de shǒujī shì Liántōng de háishi Yídòng de?
あなたの携帯電話（の通信キャリア）は「聯通」ですか、「移動」ですか。

3-3 你是要买卡还是直接充值？　Nǐ shì yào mǎi kǎ háishi zhíjiē chōng zhí?
（プリペイド）カードを買いますか、それとも直接チャージしますか。

实况录音 1 | 最近出了很多新书
147 久しぶりに書店に来ました

【练习1　回答问题】
質問に中国語で答えましょう。

1　他们为什么好久没来书店了？　＿＿＿＿＿＿＿＿＿＿＿
2　书店的新书放在什么地方？　＿＿＿＿＿＿＿＿＿＿＿
3　女的为什么不和男的买同一本书？　＿＿＿＿＿＿＿＿＿＿＿
4　他们一共买了几本书？　＿＿＿＿＿＿＿＿＿＿＿

単語

出　chū：(本が) 出版される　　　　　交換　jiāohuàn：取り換える

实况录音 2 | 你想买什么价位的
148 携帯電話を買いに来ました

【练习 2　选择正确答案】　**149**
問題を聞き、スキットにあてはまるものを選びましょう。

1　A. 质量　　　　B. 价钱　　　C. 样子　　　D. 功能
2　A. 一个星期左右　　　　　　B. 两三天
　　　C. 四五天　　　　　　　　　D. 十天左右
3　A. 待机时间长　　　　　　　B. 质量好
　　　C. 价钱很贵　　　　　　　　D. 具备普通手机的功能

単語

价位 jiàwèi：価格、価格帯
质量 zhìliàng：品質
待机 dàijī：(携帯電話の) 待ち受け
功能 gōngnéng：機能

适合 shìhé：ふさわしい。合う
重要 zhòngyào：重要な
部 bù：機器を数える量詞
报价 bàojià：価格。見積もり提示価格
结账 jié zhàng：支払いをする

实况录音3 150 | **你是要买卡还是要直接充值**
電話料金の支払い（チャージ）に来ました

【练习3　选择正确答案】 151
問題を聞き、スキットにあてはまるものを選びましょう。

1　A. 买卡当时充值　　　　　B. 直接充值
　　C. 没充值　　　　　　　　D. 买卡后回家充值
2　A. 花钱多　　　　　　　　B. 需要营业员帮忙
　　C. 比较慢　　　　　　　　D. 每次只能充100元
3　A. 30　　　　B. 50　　　　C. 80　　　　D. 100

単語

联通 Liántōng：(企业名) 中国聯通
（チャイナ・ユニコム）

移动 Yídòng：(企业名) 中国移動通信
（チャイナ・モバイル）
直接 zhíjiē：直接の

スキット1　最近出了很多新书
最近、新しい本がたくさん出ています

(在书店)
女：咱们好像好久没来书店了吧?

男：是啊，最近太忙了，都没时间来书店。

女：听说最近出了很多新书呢。
男：是吗? 在哪儿?
女：在那边。那儿有一个专门的新书架呢。
男：噢，咱们过去看看吧!
女：好的。
男：这本书可真不错，我想买。你呢?
女：我也觉得这本书不错，不过，你买了我就不买了，我买一本法国小说吧，这样咱们就可以交换着看了。

男：对啊，我怎么就没想到呢?

女：好啦，先拿着这两本，咱们再去看看别的书吧。
男：好的。

(書店で)
女：私たち、ずいぶん長いこと本屋さんに来てなかった気がするわね。
男：そうだね、最近は忙しかったから、本屋に来る時間もなかったね。
女：新しい本が最近たくさん出たそうよ。
男：そうなのかい。どこにあるんだい。
女：あっちのほうよ。あそこに新刊書を集めた棚があるの。
男：そうか、行って見てみようよ。
女：そうね。
男：この本はいいなあ、買おうかな。君は(どう思うかい)。
女：私もこの本はいいと思ったわ。でも、あなたが買うなら私は買わないわ。私はフランスの小説にする。そうすれば、私たちは交換して読めるわ。
男：そうだね、どうして思いつかなかったんだろう。
女：じゃあ、とりあえずこの2冊を持っておいて、他の本も見に行きましょう。
男：そうだね。

スキット2　你想买什么价位的
どれくらいのお値段のをお求めですか

(在手机店)
售货员：您好，买手机吗?

顾　客：对，是啊。
售货员：您想买什么价位的?

顾　客：价钱嘛，我考虑得不多。只要手机质量好一点儿，待机时间长一点儿的就可以了。

售货员：您对手机的功能有什么具体的要求吗?

(携帯電話ショップで)
店員：いらっしゃいませ。携帯電話をお求めですか。
客　：ええ、そうです。
店員：どれくらいのお値段のをお求めですか。
客　：価格については…、あまり考えていないんです。携帯電話の品質がよくて、連続待ち受け時間が長い(電池のもちがよい)ならそれでいいです。
店員：携帯電話の機能について、何かご希望はありますか。

顾　客：功能嘛，一般手机有的就可以了。	客　：機能については…、普通の携帯電話についている機能で充分です。
售货员：我觉得这款手机比较适合您的要求，它的待机时间可以长达10天左右，质量也不错，普通手机有的功能它都有，最重要的是它的价钱也不贵。	店員：こちらの携帯電話ならお客様のご希望に合うと思います。これは連続待ち受け時間が10日ほどもあり、品質も良いですし、一般的な携帯電話の機能はすべてございます。なにより価格も高くありません。
顾　客：这部手机看起来还不错，样子也还可以。多少钱？	客　：その携帯電話はいいようですね。見た感じもいいし。いくらですか。
售货员：报价2500，现在打折只要2000元。	店員：値札は2500元ですが、現在は割引きして2000元になっています。
顾　客：好的。我看还可以，就要它了。在这儿结账吗？	客　：分かりました。いいと思います。それをもらいます。ここでお会計するのですか。
售货员：是的。	店員：さようでございます。

スキット3　你是要买卡还是要直接充值
カードをお買い求めですか、それとも直接チャージしますか

（在通讯营业厅）	（電話会社の窓口で）
女：您好，欢迎光临。	女：こんにちは。いらっしゃいませ。
男：您这儿可以交手机话费吗？	男：ここで携帯電話の料金を払えますか。
女：可以。你是联通的还是移动的？	女：はい。（携帯電話のキャリアは）「聯通」ですか「移動」ですか。
男：移动的。	男：「移動」です。
女：你是要买卡还是直接充值？	女：（プリペイド）カードをお求めですか、それとも直接チャージしますか。
男：直接充值快吗？	男：直接チャージは、すぐできますか。
女：这个慢点，可能需要一二十分钟。如果您急用的话可以买充值卡，买卡的比较快。	女：少し時間がかかります。おそらく10分か20分ほどかかります。もしお急ぎでしたらプリペイドカードをお求めください。その方が早く済みます。
男：那您给我一张卡吧。	男：ではカードを下さい。
女：您要多少的？	女：いくらのになさいますか。
男：有多少的啊？	男：いくらのがあるのですか。
女：30、50、100的。	女：30元、50元、100元のです。
男：那来一张100的吧,可是我不会充啊。	男：では100元のを1枚ください。でも僕はチャージの仕方が分からないんですよ。
女：那您告诉我您的手机号，我帮您。	女：では携帯番号を教えてください。私が（チャージを）お手伝いします。
男：好的。	男：分かりました。

购物（二）　203

文法解説

1 **这本书可真不错**（この本は本当にいい）
可：強調の語気を表す。話し言葉で使われることが多い。"可真不错"は"可+真+(不)+形容詞"という構成で、肯定の語気を強めたり、否定の語気を強めたりする。
（例）这个问题可真不简单。
　　　この問題はまったくもって難しい。

2 **您想买什么价位的?**（どれくらいのお値段のをお求めですか）
价位：ある商品の価格が市場のどういった位置にあるか、あるいは市場における価格の範囲を指す。ここでは後者の意味で、価格範囲、価格帯を指す。
（例）请问，你想买个什么价位的电脑?
　　　お尋ねします、どれくらいの価格のパソコンをお求めですか。

文化解説

1 **待机时间长一点儿的就可以了**（連続待ち受け時間が長い（電池のもちがよい）ならそれでいいです）
待机时间：連続待ち受け時間。携帯電話が電力消費の少ない待ち受け状態にある場合の連続作動時間。バッテリー容量や使用電力量、ネットワーク接続状況などに左右される。

2 **你的手机是联通的还是移动的?**（あなたの携帯電話は（通信キャリアが）「聯通」のですか、「移動」のですか）
联通和移动："中国联通公司"（チャイナ・ユニコム）と"中国移动公司"（チャイナ・モバイル）のこと。ともに中国の通信事業者（通信キャリア）で、携帯電話サービスはこの2社が行っている。ユーザーは自分の希望条件に合うキャリアを選択できる。

3 **你是要买卡还是直接充值?**（（プリペイド）カードを買いますか、それとも直接チャージしますか）
"买卡"と"直接充值"はどちらも携帯電話の通話料金を支払う方式のこと。"买卡"とは使用者がプリペイドカードを購入し、専用ダイヤルに電話を掛けてチャージを行う方法。カードの額面は20元、50元、100元などがある。"直接充值"の場合は金額に制限はなく、柔軟に支払ができる。

練習の問題文と解答

【練習1】
1 2人はどうして書店に長いあいだ来ていなかったのか
因为他们最近太忙了。
2 書店では新刊書はどのような場所に置かれているか
放在一个专门的新书架。
3 女性はなぜ男性と同じ本を買わないのか
因为他们可以交换着看书。
4 彼らは全部で何冊の本を買ったか
不清楚。

【練習2】
1 这个人买手机最重视什么？（この客が携帯電話を買う時に最も重視したのは何か）
 A．品質
2 录音中谈到的手机待机时间有多长？（スキットに登場した携帯電話の連続待ち受け時間はどれくらいか）
 D．10日程度
3 关于这部手机，下面哪个说法不对？（この携帯電話について、次のうち正しくない選択肢はどれか）
 C．価格が高い

【練習3】
1 最后这位先生怎么交的手机费？（結局この男性はどのように携帯電話料金を支払ったか）
 A．カードを買い、その場でチャージした
2 直接充值有什么缺点？（直接チャージするやり方にはどんな欠点があるか）
 C．時間がかかる
3 他买了一张多少钱的充值卡？（男性はいくらのプリペイドカードを1枚買ったか）
 D．100元

第二十五课　说说体育　｜　スポーツの話

【常用句】この課に出てくるキーフレーズを覚えましょう　152

1-1 您每天早上跑步，坚持多少年了?
Nín měitiān zǎoshang pǎobù, jiānchí duōshao nián le?
毎朝ジョギングするのは、何年くらい続けてこられたのですか。

1-2 您平时还做点儿其他的运动吗?　Nín píngshí hái zuò diǎnr qítā de yùndong ma?
普段、他にもなにか運動をなさっていますか。

1-3 我正在学太极，还想请您指点指点。
Wǒ zhèngzài xué tàijí, hái xiǎng qǐng nín zhǐdiǎn zhidian.
ちょうど私も太極拳を習っています。あなたにもご指導いただきたいと思います。

2-1 我想咨询一下儿，您这儿都有什么运动项目?
Wǒ xiǎng zīxún yíxiàr, nín zhèr dōu yǒu shénme yùndong xiàngmù?
お尋ねしますが、こちらではどんなトレーニング・プログラムがありますか。

2-2 我对操类运动比较感兴趣。　Wǒ duì cāo lèi yùndong bǐjiào gǎn xìngqu.
スタジオレッスンに少し興味があります。

2-3 你这儿都有什么卡，能给我推荐一下吗?
Nǐ zhèr dōu yǒu shénme kǎ, néng gěi wǒ tuījiàn yíxià ma?
こちらではどのようなカードがあるのでしょうか。(どれか) お勧めいただけますか。

2-4 我建议您办一张次卡。　Wǒ jiànyì nín bàn yì zhāng cì kǎ.
回数券カードをお作りになるのをおすすめします。

3-1 昨天晚上熬夜看球赛了。　Zuótiān wǎnshang áo yè kàn qiúsài le.
昨日の夜は遅くまでサッカーの試合を見ました。

3-2 只要电视转播的都看，像什么跳水、体操啊，我都喜欢。
Zhǐyào diànshì zhuǎnbō de dōu kàn, xiàng shénme tiàoshuǐ, tǐcāo ā, wǒ dōu xǐhuan.
テレビ中継されているものなら何でも見ます。水泳の飛び込み、体操、どれも好きです。

3-3 那你最擅长哪种运动?　Nà nǐ zuì shàncháng nǎ zhǒng yùndong?
ではあなたが一番得意なのはどのスポーツですか。

实况录音 1	**我也喜欢晨练**
153	朝の公園でトレーニングをしています

【练习 1　判断下列句子的正误】　154

読み上げる文章がスキットと合っていれば〇、間違っていたら×を書きましょう。

1 ____　　2 ____　　3 ____　　4 ____　　5 ____
6 ____　　7 ____　　8 ____

単語

活动 huódòng：(体を動かす) 運動
精神头儿 jīngshentóur：元気、気力の張り
坚持 jiānchí：〜し続ける、堅持する
毅力 yìlì：意志力、精神力、自制心
平时 píngshí：普段、いつも
太极拳 tàijíquán：太極拳
指点 zhǐdiǎn：指導する
客气 kèqi：礼儀正しい、かしこまった

说说体育

实况录音 2 | **我建议您办一张次卡**
155 | スポーツジムで入会の相談をしています

【练习 2　选择正确答案】　156
問題を聞き、スキットにあてはまるものを選びましょう。

1	A. 器械类	B. 动感单骑类	C. 球类	D. 操课类
2	A. 瑜珈	B. 街舞	C. 迪斯科	D. 健身操
3	A. 周卡	B. 次卡	C. 月卡	D. 季卡
4	A. 年卡	B. 季卡	C. 月卡	D. 次卡
5	A. 10元	B. 100元	C. 14元	D. 4元

单语

顾问 gùwèn：アドバイザー、コンサルタント
项目 xiàngmù：コース、プログラム
种类 zhǒnglèi：種類、タイプ
器械 qìxiè：(トレーニング用の) マシン
动感单骑 dònggǎn dānqí：エアロバイク
操课 cāokè：スタジオレッスン
瑜伽 yújiā：ヨガ
普拉提 pǔlātí：ピラティス
肚皮舞 dùpíwǔ：ベリーダンス
拉丁热舞 Lādīng rèwǔ：サルサ、ラテンダンス
街舞 jiēwǔ：ヒップホップダンス
推荐 tuījiàn：すすめる、推薦する
建议 jiànyì：提案する
合适 héshì：ふさわしい、条件に合う
前台 qiántái：受付カウンター

实况录音 3	熬夜看球赛了
157	小张は夜遅くまでサッカーの試合を見ていました

【练习3　回答问题】
質問に中国語で答えましょう。

1 小张今天为什么没有精神头儿？　_____

2 小张平时都看些什么比赛？　_____

3 小张最擅长什么？　_____

単語

熬夜 áo yè：夜更しする。徹夜する
球赛 qiúsài：サッカーの試合
迷 mí：(スポーツ、人物などの) ファン
转播 zhuǎnbō：(テレビやラジオの) 中継

跳水 tiàoshuǐ：(水泳) 飛込競技
体操 tǐcāo：体操競技
广泛 guǎngfàn：広い、広汎だ、多様だ
擅长 shàncháng：得意である、長けている
欣赏 xīnshǎng：鑑賞する

说说体育

スキット 1　我也喜欢晨练
私も朝のトレーニングが好きです

（早晨的花园）

年轻人：大爷，您又起这么早呀！

老大爷：是啊，每天早上活动活动，一整天都有精神头儿。

年轻人：是吗，我也喜欢晨练。您这样每天早上跑步坚持多少年了？

老大爷：哎哟，那时间可长了，从20多岁开始，到现在都40多年了吧！

年轻人：呦，您真行，真有毅力！您平时还做点儿其他的运动吗？

老大爷：做啊，游泳、打太极拳。

年轻人：哦，真的？我正在学太极，有时间咱们……，我要请您指点指点。

老大爷：别这么客气，有空一块儿练吧。

（早朝の庭園で）

若者：おじいさん、今日もこんなに早起きなさったんですね。

老人：そうだよ。毎朝運動をすると、一日中元気でいられるからね。

若者：そうですか。私も朝のトレーニングは好きです。こんな風に毎朝ジョギングするのは、何年くらい続けてこられたのですか。

老人：おや、それはだいぶ長いことになるよ。二十歳過ぎに始めたから、今ではもう40年以上になるよ。

若者：わあ、すごいですね。すごい精神力ですね。普段、他にもなにか運動をなさっていますか。

老人：しているよ。水泳に、太極拳。

若者：あら、本当ですか。ちょうど私も太極拳を習っているんです。時間があったら私たち……、おじいさんにご指導いただきたいものです。

老人：そんなにかしこまることはないよ。暇があったら一緒に練習しよう。

スキット 2　我建议您办一张次卡
カード式回数券をおすすめします

（在健身中心接待处）

工作人员：我是都铎健身的会籍顾问，请问您有什么需要帮助的吗？

顾　　客：您好，我想咨询一下儿您这儿都有什么运动项目呢？

工作人员：嗯，我们的种类很多，分器械类、动感单骑类和操课类。看您想咨询哪方面儿的。

（スポーツジムの応接デスクで）

係員：私は都鐸フィットネスクラブの会員アドバイザーです。なにかお手伝いいたしましょうか。

客　：こんにちは。こちらではどんなトレーニングができるのか、お尋ねしたいのです。

係員：はい、こちらでできるトレーニングはたくさんあり、マシントレーニング、エアロバイク、スタジオレッスンなどに分けられますが、どういったトレーニングについてお尋ねですか。

顾　　客：	我对操类比较感兴趣，都有什么项目呢？	客　：	スタジオレッスンに興味があるのですが、どんなプログラムがありますか。
工作人员：	嗯，我们的操课分瑜伽、普拉提、肚皮舞、有氧健身操、拉丁热舞、健身街舞。	係員：	はい、スタジオレッスンは、ヨガ、ピラティス、ベリーダンス、エアロビクスダンス、サルサ、ヒップホップダンスがあります。
顾　　客：	嗯，有什么卡你能给我推荐一下吗？	客　：	そうですか。何かお勧めのカードはありますか。
工作人员：	我们这儿的卡类分年卡、半年卡、季卡、月卡和次卡。主要是出于您个人，就是说每周有多少次锻炼时间，来向您推荐。	係員：	こちらでは年間定期カード、半年間定期カード、シーズン定期カード、1か月定期カード、回数券カードがあります。お客様に合わせて、つまり毎週何回ほどトレーニングにいらっしゃるかによって、お勧めしております。
顾　　客：	我每周大概能来两三次吧。	客　：	私はたぶん毎週2、3回来られると思います。
工作人员：	我建议您办一张次卡吧。您是和朋友一起过来吗？	係員：	では回数券カードをお作りになってはいかがでしょうか。お客様はご友人と一緒にいらっしゃいますか。
顾　　客：	对。	客　：	はい。
工作人员：	这样次卡比较合适。	係員：	でしたらこの回数券カードがよろしいと思います。
顾　　客：	嗯，好的。次卡是多少次呢？	客　：	そうですか、分かりました。このカードは何回分ですか。
工作人员：	我们这100次的价位现在是1400，你可以考虑一下。	係員：	これは100回分の価格が、1400元となっています。いかがでしょうか。
顾　　客：	好的，那就办一张次卡吧。	客　：	分かりました。では回数券カードを1枚作ってください。
工作人员：	好，您跟我到前台办理一下儿手续。	係員：	かしこまりました。ではご一緒に受付まで手続きにおいでください。
顾　　客：	好的，谢谢。	客　：	分かりました。ありがとうございました。
工作人员：	不客气。	係員：	どういたしまして。

スキット 3　熬夜看球赛了
夜遅くまでサッカーを見ていたんだ

（在上班的路上）
同事：嗨，小张，你今天怎么这么没精神头儿啊？
小张：嗨，昨天晚上熬夜看球赛了。
同事：喃，看不出来，还是个球迷啊！
小张：我呀，不仅是球迷，其他体育比赛也喜欢看。
同事：是嘛！平时都看些什么比赛啊？
小张：只要电视转播的都看，像什么跳水、体操、花样滑冰、围棋都喜欢。
同事：喃，爱好还真广泛！那你最擅长哪种啊？
小张：我……我最擅长欣赏啊！

（通勤途中で）
同僚　：あら、張さん、今日はどうしてそんなに元気がないの。
張さん：ああ、昨日は夜遅くまでサッカーの試合を見ていたんだ。
同僚　：まあ、意外ね、サッカーファンだったの。
張さん：僕はね、サッカーだけでなく、他のスポーツの試合を見るのも好きなんだ。
同僚　：そうだったの。普段はほかにどんな試合を見ているの。
張さん：テレビ中継されているものは何でも見るよ。水泳の飛び込みとか、体操とか、フィギュアスケートとか、囲碁とか、みんな好きさ。
同僚　：まあ、趣味が広いのね。じゃあ、張さんが一番得意なスポーツは何なの。
張さん：僕かい……、僕は観戦するのが得意なんだよ。

文法解説

1 一整天都有精神头儿（一日中元気でいられる）

一整天：一日中。会話表現でよく使われる。

（例）我今天一整天都在做练习。
　　　今日は一日ずっと練習していました。

精神头儿：外見ににじみ出る活力や力強さ。元気。会話表現でよく使われる。

（例）晚上休息好了，第二天一天都有精神头儿。
　　　夜によく休めば、翌日はまる一日元気がでる。

2 您真行（あなたはすごいですね）

您真行：賞賛する言い回し。敬服しているという口ぶりになる。

（例）你真行，能认识那么多汉字。
　　　すごいですね、そんなにたくさんの漢字が分かるのですか。

"**你真行**"は時には相手に対する不満を表す。その場合、相手の行為に対して「そんな悪いことをしでかすとは思いもよらなかった」「どうしてそんなことをしでかしたのか」という含みがある。

（例）你可真行! 期末考试考3门，你两门不及格。
　　　なんということですか。期末試験3科目のうち、あなたは2科目が不合格だなんて。

3 想请您指点指点（あなたにご指導いただきたいと思います）

指点："**指示**"（指し示め）し、"**点拨**"（助言）する。教える。誰かに教えを請うときにしばしば使われる言い回し。時には謙遜の態度を表すために使われる。

（例）没有您的指点，我不会有这么大的进步。
　　　あなたのお導きがなければ、私がこのような成長を遂げることはなかったでしょう。

4 像什么跳水、体操、花样滑冰、围棋都喜欢

（たとえば水泳の飛び込みとか、体操とか、フィギュアスケートとか、囲碁とか、どれも好きです）

像什么：たとえば……とか。すべてを列挙するのではなく、代表的な例のみを挙げる際に使われる。

（例）我的爱好比较多，像什么音乐、读书、爬山等我都喜欢。
　　　私は趣味が多く、たとえば音楽とか、読書とか、登山などが好きです。

说说体育

文化解説

1 我们这儿的卡类分年卡、半年卡、季卡、月卡和次卡

（私どものカードは年間定期カード、半年間定期カード、シーズン定期カード、1か月定期カード、回数券カードがあります）

"年卡""半年卡""季卡""月卡""次卡"はカードの種類分けで、スポーツジム、フィットネスプールなどの娯楽施設で用意されている。客はカードの優待率や自分の条件などによっていずれかを選ぶ。

2 您跟我到前台办理一下儿手续

（ご一緒に受付まで手続きにおいでください）

前台：ホテルやレストラン、公共娯楽施設などのサービスカウンター、受付。客はここで問い合わせをしたり事務手続きをしたりする。

（例）你们先吃着，我去前台结账。
　　　みなさんはまずお召し上がりください。私はカウンターに行って会計をしてきます。

練習の問題文と解答

【練習1】

1 ○
老大爷每天都出来晨练。(老人は毎日出かけてきて朝のトレーニングをする)
2 ×
这个年轻人是第一次出来晨练。(若者は初めて朝のトレーニングに出かけてきた)
3 ○
老大爷坚持晨练已经有40多年了。(老人は朝のトレーニングを続けてもう40年以上になる)
4 ×
老大爷除了跑步不做其他的运动。(老人はジョギング以外の運動はしない)
5 ×
老大爷正在学太极拳。(老人は太極拳を学んでいるところだ)
6 ×
老大爷想请这个年轻人指点指点。(老人はこの若者を指導するつもりだ)
7 ×
年轻人太极拳打得很好。(若者は太極拳がとても上手だ)
8 ○
老大爷还会游泳。(老人は水泳もできる)

【練習2】

1 这位顾客对哪类锻炼感兴趣?(この客はどんなトレーニングに興味を持っているか)
D. スタジオレッスン
2 操类不包括下面哪项?(スタジオレッスンに含まれないのは次のうちどれか)
C. ディスコダンス
3 这里的卡类不包括下面哪类?(この施設のカードに含まれないのは次のうちどれか)　A. 1週間定期カード
4 工作人员建议这位顾客办一张什么卡?(係員はこの客にどのカードを作るようすすめたか)　D. 回数券カード
5 次卡一次花多少钱?(回数券カードでは1回あたりいくらになるか)　C. 14元

【練習3】

1 张さんは今日、なぜ元気がないのか
因为他昨天晚上熬夜看球赛了。
2 张さんは普段、どんなスポーツの試合を見ているか　只要电视转播的他都看。
3 张さんが最も得意なのは何か
他最擅长欣赏。

第二十六课 长途交通 | 長距離交通

【常用句】この課に出てくるキーフレーズを覚えましょう　158

1-1 还有 5 分钟就要开车了。　Háiyǒu wǔ fēnzhōng jiùyào kāi chē le.
あと 5 分で列車が発車します。

1-2 是不是我们的车已经开了啊?　Shì bu shì wǒmen de chē yǐjīng kāi le a?
私たちの（乗る）列車はもう発車してしまったのではないでしょうか。

1-3 T183 晚点 15 分钟。　T yāo bā sān wǎndiǎn shíwǔ fēnzhōng.
T183 号の列車は 15 分遅れています。

1-4 我们真是太幸运了。　Wǒmen zhēnshì tài xìngyùn le.
私たちは本当にとてもラッキーです。

2-1 咱俩还客气什么!　Zán liǎ hái kèqi shénme!
私たちの間柄で何を遠慮することがありますか。

2-2 两个月不见，你变化挺大的。　Liǎng ge yuè bú jiàn, nǐ biànhuà tǐng dà de.
2 か月間会わないでいたら、あなた（の境遇）は大きく変化しましたね。

2-3 我自己来就行，很轻的，东西不多。
Wǒ zìjǐ lái jiù xíng, hěn qīng de, dōngxi bù duō.
私が自分で持ちます。軽いですし、荷物（の中身）も少ないですから。

3-1 现在回家真是受罪。　Xiànzài huíjiā zhēnshì shòuzuì.
この時期に帰省するのは本当に大変です。

3-2 我本来想坐火车的，排了一夜队也没买到票。
Wǒ běnlái xiǎng zuò huǒchē de, páile yí yè duì yě méi mǎidào piào.
私はもともと列車に乗るつもりだったのですが、一晩じゅう行列しても切符が買えませんでした。

3-3 在外面工作一年了，过年该回家吃顿团圆饭了。
Zài wàimiàn gōngzuò yì nián le, guònián gāi huíjiā chī dùn tuányuánfàn le.
家を離れて 1 年間働いたのだから、年越しには故郷の家に帰って一家団欒の食事をするのがいいのです。

实况录音 1 | 火车晚点了
159 | 小李と刘军が急いで駅のホームに向かっています

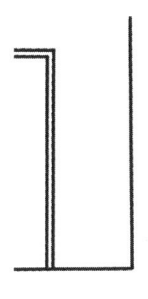

【练习1　选择正确答案】
160
問題を聞き、スキットにあてはまるものを選びましょう。

1　A. 开车的时间已经到了　　B. 小李的腿有毛病
　　C. 他们的行李太多了　　　D. 他俩太累了
2　A. 火车已经开走了　　　　B. 火车已经进站了
　　C. 等车的人非常多　　　　D. 一个人也没有了
3　A. 很多人没赶上火车　　　B. 火车晚点了
　　C. 人们在等下一趟火车　　D. 他们刚下火车
4　A. 等车的人非常多　　　　B. 他们来晚了，正好火车也晚点了
　　C. 他们可以歇一会儿　　　D. 他们没赶上这一趟火车，还能坐下
5　A. 坐别的车　　　　　　　B. 坐下一趟火车
　　C. 坐原来的火车　　　　　D. 他们先休息一会儿再说

単語

小李　Xiǎo Lǐ：(人名) 李くん
实在　shízài：本当に、まったく
候车厅　hòuchētīng：待合室
惨　cǎn：みじめだ、むごい
刘军　Liú Jūn：(人名) 劉軍
晚点　wǎndiǎn：(鉄道・船などの交通機関が) 定刻に遅れる
幸运　xìngyùn：幸いだ、ラッキーだ
歇　xiē：休憩する

实况录音2 | 南方航空公司的服务挺好的
161　张勇は空港へ刘宁を迎えに来ました

【练习2　回答问题】
質問に中国語で答えましょう。

1　播音员报的航班号是多少，此次班机将于什么时间到达？

2　谁去机场接人？他接谁？
3　张勇为什么换工作？
4　张勇在新公司工作多长时间了？
5　张勇现在在哪儿工作？

単語

南方航空公司 Nánfāng Hángkōng Gōngsī
：中国南方航空
刘宁 Liú Níng：(人名) 劉寧
张勇 Zhāng Yǒng：(人名) 張勇

辛苦 xīnkǔ：苦労する
习惯 xíguàn：慣れる、適応する
服务 fúwù：サービス
原来 yuánlái：もともとの、本来の
满意 mǎnyì：満足する
变化 biànhuà：変化、変容
行李 xíngli：荷物

实况录音 3 | 现在回家真受罪
162 | 長距離バスで帰省します

【练习 3 判断下列句子的正误】 163
読み上げる文章がスキットと合っていれば〇、間違っていたら×を書きましょう。

1 ___ 2 ___ 3 ___ 4 ___ 5 ___ 6 ___

単語

老乡 lǎoxiāng：同郷の人。田舎の人に対する呼びかけ。
受罪 shòuzuì：ひどい目に遭う、苦労する
本来 běnlái：もともと、そもそも
排队 pái duì：行列する、整列する
座位 zuòwèi：座席
在乎 zàihu：気に掛ける、意に介する
团聚 tuánjù：（離れて暮らす家族などが）集う
团圆 tuányuán：（離れて暮らす肉親が）集い団欒する

スキット 1　火车晚点了
列車が遅れています

(在火车站)

刘军：小李，快点儿吧。还有 5 分钟就要开车了，估计我们现在也很难赶上车了。

小李：我也想快点走啊，可是我的腿实在不听话，再加上行李那么重，我怎么能跑快呢。

刘军：来，我帮你拿一个包。马上就到候车厅了，再坚持一会儿。

小李：终于到了。哇! 怎么这么多人啊，我们的车早就应该进站了啊，是不是我们的车已经开了啊?

刘军：如果开了，那就惨了。这些人一定是等下一趟车的。

小李：刘军，没事的，你看显示屏上写的"T183 晚点 15 分钟"。

刘军：谢天谢地，我们真是太幸运了。

小李：我们还是先坐这儿歇会儿吧。

(駅で)

劉軍　：李くん、急ごうよ。あと5分で列車が発車しちゃうよ。僕たち今でさえ（＝このまま急いだとしても）列車に間に合わないんじゃないかと思うよ。

李さん：僕だって早く行きたいさ。でも本当に足が言うことを聞かないんだ。それに荷物があんなに重いんだ、早くなんか走れないよ。

劉軍　：ほら、僕が荷物を1つ持ってあげる。もうすぐ待合室だよ、もうちょっとの間、頑張れよ。

李さん：やっと着いたな。うわあ、なんでこんなに人が多いんだい。僕たちの（乗る）列車はもう駅に入っているだろうね。まさかもう発車しちゃったかな。

劉軍　：もし発車してたら一巻の終わりだよ。この人たちはきっと次の列車を待っているんだ。

李さん：劉軍、大丈夫だ、あの掲示板に「T183は15分の遅れ」って書いてあるよ。

劉軍　：天のお恵みだな。僕たちすごくラッキーだな。

李さん：まずはちょっと座って休もうか。

スキット 2 | 南方航空公司的服务挺好的
南方航空のサービスはとてもよかった

(在飞机场)
广播员：迎接旅客的各位请注意，由北京飞来本站的 1247 次航班，将于 8 点 14 分到达。谢谢！

张　勇：刘宁！我在这儿呢。
刘　宁：张勇！你早来了？谢谢你来接我。
张　勇：咱俩还客气什么！路上很辛苦吧？
刘　宁：不辛苦，已经习惯了。航空公司的服务挺好的。你最近怎么样呢？
张　勇：还行吧，我不在原来的公司干了，那里的工资待遇不太满意。现在在一家美国公司呢，已经干了快一个月了。
刘　宁：哦？两个月不见，你变化挺大的，工作不错嘛。
张　勇：先不说这些，来，我帮你拿行李吧。
刘　宁：不用了，我自己来就行，很轻的，东西不多，走吧！

(空港で)
アナウンス：お出迎えのお客様にお知らせします。北京から当空港へフライト中の 1247 便は、8 時 14 分に到着予定でございます。

張勇：劉寧、ここだよ。
劉寧：張勇、早いね。迎えに来てくれてありがとう。
張勇：かしこまることないよ。道中大変だったかい。
劉寧：いいや。もう慣れたよ。航空会社のサービスもとてもよかったし。君は最近どうしてるんだい。
張勇：まあまあだよ。前の会社はもう辞めたんだ。あそこは給料に満足できなかったからね。今は米国企業にいるんだ。もうじき 1 か月になるよ。
劉寧：そうなのかい。2 か月会わないうちに、大変化したね。いい仕事じゃないか。
張勇：まあその話は置いておいて、よこしなよ、荷物を持ってあげるよ。
劉寧：いいよ、自分で持てば充分さ、軽いし、中身も少ないんだ。行こう。

スキット 3　現在回家真受罪
この時期に帰省するのは大変です

（在长途汽车上）

甲：老乡! 你好! 去哪儿啊?

乙：回家。这不快过年了吗? 回家过年,您呢?

甲：我女朋友家,今年去她家过年。

乙：现在回家过年真是受罪。我本来想坐火车的,排队排了一夜也没有买到票。这不还是坐汽车嘛。

甲：是啊,我也是,毕竟火车票还是便宜。汽车比火车贵一半多呢。

乙：反过来想,汽车也挺舒服的。这时候火车上人太多,买到票也很难有座位。

甲：是啊,这个时候,对大数人来说能回到家就行,受点罪也不在乎。

乙：中国人嘛,都想回家团聚,工作一年了,该吃顿团圆饭了。

甲：我还有两小时就到家了,您呢?

乙：我还有3个多小时,睡一觉就到了。

（長距離バスで）

A：こんにちは、初めまして。どちらまでですか。

B：帰省ですよ。もうすぐ年越しですからね。故郷で年越しというわけです。あなたは？

A：ガールフレンドの故郷へ。今年は彼女の家で年越しするんです。

B：この時期には故郷で年越しといっても大変ですね。私はもともと列車に乗るつもりだったんですが、一晩じゅう行列に並んでも切符が買えなかったんですよ。それでこうしてバスに乗っているわけです。

A：まったくですね。私もです。それにしてもやっぱり列車のほうが安いですね。バスだと列車の5割増しになるじゃありませんか。

B：そうは言っても、バスも快適ですね。今ごろ列車では人が大勢で、切符があったって座れるとは限らない。

A：まったくです。この季節はたいていの人が、故郷に帰ることができさえすれば、少々苦労してもいいと思っていますからね。

B：中国人ですからね、誰でも故郷で家族に会いたいのですよ。1年間働いたのだから、そろそろ一家団欒の宴を囲む時だ、とね。

A：私はあと2時間で着くんですが、あなたは？

B：私はあと3時間と少々です。一眠りしていればすぐです。

文法解説

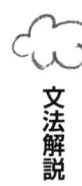

1 可是我的腿实在不听话（でも足が本当に言うことを聞かないのです）
不听话：足を擬人化して、大変疲れたこと、あるいは年老いたために動きが鈍くなったことを表す言い回し。"**不听使唤了**"とも言う。足以外に耳、鼻、手など身体の他の部分にも使える。
（例）年龄大了，耳朵也不听使唤了。
　　　年をとりましたから、耳も使い物にならなくなりました。

2 如果开了，那就惨了（もし発車していたら、それは大変なことだ）
惨：程度が深刻で重大であること。不幸な出来事に見舞われ、そのため大変みじめで痛ましい苦しみがもたらされるという意味。
（例）昨天的比赛他们输的真惨！
　　　昨日の試合では彼らの負けっぷりはひどいものでした。

3 咱俩还客气什么！（私たちの間柄で何を遠慮することがありますか）
什么：動詞や形容詞の後に置くと、何らかの行為や状態に対する不満を表し、否定の意味を持つ。
（例）事情都这样了，你还说什么啊。
　　　もうこんなことになってしまったのに、これ以上何を言おうというのですか。

4 这不还是坐汽车嘛（それでこうしてバスに乗っているわけです）
这不：ここでは否定の意味を表しているのではなく、これから述べる事実がまさしくその通りで、確かに起こったことである、ただ予想された状況とは少々の違いが生じた、という意味あいを表している。
（例）现在找不到更好的地方，这不还是去原来那家公司了。
　　　今のところ、もっと良いところが見つからないのです。それでこうして元の会社に行くのです。

5 毕竟火车票还是便宜（それにしても列車のほうがやはり安いですね）
毕竟：副詞。どうこういっても。いずれにせよ。どのみち。突き詰めて考えて得られた結論、あるいは比較を重ねて得られた結果を述べる際の言い回し。
（例）他毕竟还只是一个小孩儿，出错是难免的。
　　　彼は結局のところただの子供に過ぎないので、過ちを犯すのは不思議ではない。

文化解説

1 在外面工作一年了，过年该回家吃顿团圆饭了
（家を離れて1年間働いたのだから、年越しには故郷の家に帰って一家団欒の食事をするのがいいのです）

团圆：長期間にわたって離れ離れになっていた家族が再び集うこと。中国では伝統的な節句である春節と中秋節が重視されており、これらの時期になると多くの人が、家族で集まりたいと考える。そうして家族が集い、食事を共にすることを"**团圆饭**"という。

練習の問題文と解答

【練習1】

1 他们觉得"很难赶上车了"的主要原因是什么？（彼らが「列車に間に合わない」と思った主な理由はなにか）
　　D．2人がとても疲れているから
2 他们来到候车厅时的情况是：（彼らが待合室に着いたときには）
　　C．列車を待つ人が大勢いた
3 车站上为什么那么多人？（駅に人が大勢いたのはなぜか）　B．列車が遅れたから
4 他们为什么觉得自己幸运？（2人はなぜ自分たちがラッキーだと思ったか）
　　B．来るのが遅れたが、運よく列車も遅れていたから
5 最后他们决定：（スキットの終わりに2人はどうすることにしたか）
　　D．まずはひと休みする

【練習2】

1 アナウンスで知らされた飛行機のフライトナンバーは第何便か。この飛行機は何時に到着するか
　　1247次航班，将于8点14分到达。
2 出迎えのために空港に行った人物は誰か。誰を出迎えたのか　张勇去机场接刘宁。
3 张勇はなぜ仕事を変えたのか　因为他对原来的公司的工资待遇不太满意。
4 张勇は新たな会社でどれくらい働いたか
　　工作了快一个月了。
5 张勇はいまどこで働いているか
　　在一家美国公司工作。

【練習3】

1 ×
他们都回自己家过年。（2人とも自分の故郷で年越しをする）
2 ○
他们都是因为买不到火车票才坐汽车的。（2人とも列車の切符が買えなかったためバスに乗っている）
3 ×
火车票价比汽车票价贵一些。（列車の運賃はバスに比べて高い）
4 ○
他们认为坐汽车也不错。（2人は、バスの旅も良いものだと考えている）
5 ○
大多数人认为只要能回家，受点儿罪没有关系。（多くの人が、帰省さえできれば少々の苦労はいとわないと考えている）
6 ×
他们马上就到家了。（2人は間もなく故郷に到着する）

第二十七课 误会 | 勘違い

【常用句】この課に出てくるキーフレーズを覚えましょう　164

1-1 你怎么才来啊！　Nǐ zěnme cái lái ā!
あなたやっと来たのですね（＝どうして今まで来なかったのですか）。

1-2 我什么时候说10：30了，明明是10点嘛。
Wǒ shénme shíhou shuō shí diǎn sānshí le, míngmíng shì shí diǎn ma.
私がいつ10時30分と言いましたか。（私が言ったのは）間違いなく10時ですよ。

1-3 对不起啊，可能真是我听错了。　Duìbuqǐ a, kěnéng zhēnshì wǒ tīngcuò le.
ごめんなさいね、本当に私が聞き間違えたのでしょう。

2-1 我们几个人在那儿等了你半个多小时呢。
Wǒmen jǐ ge rén zài nàr děng le nǐ bàn ge duō xiǎoshí ne.
私たち何人かは、あそこであなたを30分以上も待っていたのですよ。

2-2 给你打了好几个电话你都不接。　Gěi nǐ dǎle hǎo jǐ ge diànhuà nǐ dōu bù jiē.
あなたに何回も電話をかけましたが、あなたは全然出ませんでした。

2-3 不好意思，我忘带手机了。　Bù hǎoyìsi, wǒ wàng dài shǒujī le.
ごめんなさい、私は携帯電話を持っていくのを忘れました。

2-4 我在11楼转了好几圈呢。　Wǒ zài shíyī lóu zhuǎnle hǎo jǐ quān ne.
私は11階を何回もぐるぐる回ったのですよ。

2-5 不是11楼，是17楼。　Bú shì shíyī lóu, shì shíqī lóu.
11階ではありません、17階です。

3-1 这么巧啊，在这儿遇到你了。　Zhème qiǎo a, zài zhèr yùdào nǐ le.
偶然ですね、ここであなたに会うなんて。

3-2 真对不起，我认错人了，你们俩长得可真是太像了。
Zhēn duìbuqǐ, wǒ rèncuò rén le, nǐmen liǎ zhǎng de kě zhēnshi tài xiàng le.
本当にすみません、人違いをしました。でも、あなたとその人は本当によく似ているのです。

实况录音1	不是 10：30 吗
165	遅刻してきた友人に怒っています

【练习1　回答问题】
質問に中国語で答えましょう。

1　女的为什么有些不太高兴?
2　男的为什么来晚了?
3　男的来晚了，女的认为是谁的错误?
4　最后谁承认了错误?
5　他俩约会去干什么?

单语

误会　wùhui：勘違い、思い違い、誤解
明明　míngmíng：明らかに、疑いなく
记性　jìxing：物覚え、記憶力
排练　páiliàn：稽古、リハーサル、練習
准时　zhǔnshí：時間通りに

实况录音 2 | **不是 11 楼，是 17 楼**
166 | 昨日来なかった理由を聞いています

【練習2　選択正確答案】　167
問題を聞き、スキットにあてはまるものを選びましょう。

1　A. 忘了　　　　　B. 去晚了　　　　C. 记错了地方　　D. 记错了时间
2　A. 没有手机　　　B. 没听见手机响　C. 没带手机　　　D. 没开手机
3　A. 她在 17 楼转了好几圈　　　　　B. 她以为是在 11 楼
　　C. 她把 11 楼记成 17 楼了　　　　D. 她把 17 楼记成 11 楼了

实况录音 3 | **你认错人了**
168 | 見知らぬ男子学生が声をかけてきました

【练习3　判断下列句子的正误】　169
読み上げる文章がスキットと合っていれば○、違っていたら×を書きましょう。

1 ____　　2 ____　　3 ____　　4 ____　　5 ____
6 ____　　7 ____　　8 ____

単語

项链　xiàngliàn：ネックレス
滨江道　Bīnjiāng Dào：浜江道（天津の繁華街）

巧　qiǎo：うまい具合に、折よく
遇　yù：偶然に会う、出くわす
聊天　liáo tiān：おしゃべりする
中学　zhōngxué：ここでは"高级中学"（高校）の略

误会 | 229

スキット 1 　不是 10∶30 吗
10 時 30 分ではなかったのかい

(在练功房门口)

女同学：你怎么才来啊？

男同学：不是定的 10∶30 吗？你昨天不是说了吗？

女同学：我什么时候说 10∶30 了，明明就是 10 点。

男同学：啊？不对啊，你，我听说你说的就是 10∶30 嘛。

女同学：我说你都听什么啦？还能有点儿记性不？

男同学：对不起啊，可能真是我听错了吧。我下回注意就是了。

女同学：下回排练可要准时哦。

男同学：嗯，知道了。

(トレーニングルームの前で)

女子学生：あなたやっと来たのね（＝どうして今まで来なかったの）。

男子学生：10 時 30 分ではなかったのかい。君が昨日そう言っていたじゃないか。

女：私がいつ 10 時 30 分と言ったの。（私が言ったのは）間違いなく 10 時よ。

男：ええ？　違うだろう、君。僕は君が 10 時 30 分と言ったのを聞いたよ。

女：言わせてもらうけれど、あなたいったい何を聞いていたの。もう少し物覚えをよくしたらどうなの。

男：悪かったよ。僕は本当に聞き間違えたんだろうね。次からは必ず気を付けるよ。

女：次の練習では絶対に時間を守ってね。

男：ああ分かったよ。

スキット 2 　不是 11 楼，是 17 楼
11 階じゃないよ、17 階だよ

(在学校里)

男同学：哎，你昨天怎么没来呢？

女同学：我去了，没人。

男同学：不可能啊，我们几个人在那里等了你半个多小时呢。而且给你打了好几个电话你都不接。

女同学：哎呀，不好意思，我忘带手机了，但是我真的去了。我在 11 楼转了好几圈呢。都没看见人儿。

男同学：什么，几楼？
女同学：11 楼啊。
男同学：啊呀，不是 11 楼，是 17 楼。

(学校で)

男子学生：ねえ、昨日はどうして来なかったんだい。

女子学生：行ったわよ。でも誰もいなかったわ。

男：そんなはずはないよ。僕たちは何人かで君を 30 分以上もあそこで待っていたんだよ。それに何回も電話をかけたけれど君は出なかったよ。

女：あら、ごめんなさい。私は携帯電話を忘れてしまったのよ。でも私、本当に行ったのよ。11 階を何回も行ったり来たりしたわ。それでも誰にも会わなかったのよ。

男：えっ、何階だって。
女：11 階よ。
男：なんだ、11 階じゃないよ、17 階だよ。

女同学：啊？

女：ええっ？

スキット3　你认错人了
人違いですよ

(在教学楼的楼道里)
女老师：哎，那个，你这项链真漂亮。在哪儿买的？

女同学：是吗？在滨江道。

男同学：哎，刘影，这么巧啊，在这儿遇到你了，干吗呢？

女老师：他谁啊？

女同学：我在和老师聊天呢。你是谁啊？

男同学：你不是在天津中学读过书吗？

女同学：没有啊，你认错人了吧？

男同学：哎？你不是叫刘影吗？

女同学：不好意思，我不是刘影。

男同学：噢哟，真对不起，我认错人了，你们两个长得真是太像了。我想我们误会了。

女同学：没关系的。

(学校の廊下で)
女性教員：あら、それ、あなたのネックレスとてもきれいね。どこで買ったの。

女子学生：そうですか。浜江道で買ったんです。

男子学生：おおい、劉影、偶然だね、ここで会うなんて。何してるの。

女性教員：彼は誰かしら。

女子学生：私は先生とお話してるのよ。あなたは誰なの。

男子学生：君は天津高校の生徒だっただろう。

女子学生：違いますよ。人違いしているのでしょう。

男子学生：あれ、君は劉影という名前ではないのかい。

女子学生：すまないけど、私は劉影ではないわ。

男子学生：おや、ごめんなさい。人違いをしました。君たち(＝君と劉影)はとても似ているんだよ。勘違いしたみたいだ。

女子学生：気にしないで。

文法解説

1 **我什么时候说10：30了,明明是10点嘛**（私がいつ10時30分と言ったの。（私が言ったのは）間違いなく10時よ）

什么时候：ここでは反問のニュアンスで用いられている。「私はいつであっても……をしたことはない」という意味。

（例）我什么时候说要去那儿了?
　　　私がそこに行くと、いつ言いましたか。

明明：ある事柄が明確な事実であることを表す副詞。"明明"の後に述べることは明白な事実であるのに、誰かの言動がその事実に反しているということを指摘する言い回し。

（例）这件事明明是他干的,怎么转脸又不认账了呢。
　　　これは明らかに彼がやったことだというのに、どうして彼は突然認めなくなったのか。

後半部分は、よく省略されるということも覚えておきたい。

（例）这件事情明明是他干的。（可是他现在不承认）
　　　これは明らかに彼がやったことです。（しかし彼は今、認めていない）

2 **你都听什么啦? 还能有点儿记性不?**（あなたはいったい何を聞いていたのですか。もう少し物覚えをよくしてはどうですか）

"你都听什么啦"と"还能有点记性不"の2文はいずれも相手を責めているのであって「何を聞いたのか」「記憶力があるのか」と尋ねているのではない。話し手は「どうして少しも話を聞かないのか。何も覚えていないとは」と言いたいのである。

3 **我下回注意就是了**（次からは必ず気を付けます）

就是了：物事の具体的な方針を述べる文の末尾に用いて肯定を表し、心配はいらないということを相手に伝える言い回し。

（例）明早6点, 我保证赶到你家就是了。
　　　明日朝6時、きっとあなたの家に行きますからご心配なく。

4 **我在11楼转了好几圈呢**（私は11階を何回もぐるぐる回ったのですよ）

转了好几圈：ある場所を何度も行き来する、あるいは長時間うろうろすること。人や物を探すために時間と手間を費やしたという意味。

（例）我在你家门口转了好几圈也没敢进去。
　　　あなたの家の前でしばらくうろうろしていましたが、入っていく勇気が出ませんでした。

5 你们俩长得可真是太像了

(あなたとその人は本当によく似ているのです)

太像了:とても似ている、大差ない。しかし完全に同じと言うわけではない。人や事物、行為を対比する際に用いられる。

(例) 他们俩是双胞胎，长得太像了。
　　　あの2人は双子なので、よく似ています。

練習の問題文と解答

【練習1】

1 女子学生はなぜ不機嫌なのか
  因为男的来晚了。
2 男子学生はなぜ遅刻したのか
  因为他听错时间了。
3 男子学生が遅刻したことについて、女子学生は誰が悪いと思っているか
  是男的错误。
4 最後にはどちらの学生が過失を認めたか
  男的承认了。
5 彼らは待ち合わせて何をしに行く予定か
  去做排练。

【練習2】

1 女同学为什么没去？（女子学生はなぜ行かなかったのか）
  C. 場所を間違えたから
2 女同学为什么没接电话？（女子学生はなぜ電話に出なかったのか）
  C. 携帯電話を携帯していなかったから
3 女同学为什么没见到大家？（女子学生はなぜ他の人たちに会わなかったのか）
  D. 待ち合わせ場所を17階ではなく11階と記憶していたから

【練習3】

1 ×
  录音中提到的项链儿是从长江道买的。
  （ネックレスは長江道で買ったものだ）
2 ×
  录音中的男的遇到了他的中学同学。（男子学生は高校の同級生に出会った）
3 ×
  录音中的女的叫刘影。（女子学生の名は劉影だ）
4 ○
  刘影在天津中学读过书。（劉影は天津高校の生徒だった）
5 ×
  录音中的女的忘了这个男的是谁。（女子学生は男子学生が誰なのか忘れていた）
6 ×
  录音中的女的和刘影是同学。（女子学生と劉影は同級生だ）
7 ○
  录音中的女的和刘影长得非常像。（女子学生と劉影はよく似ている）
8 ○
  录音中的男的认错人了。（男子学生は人違いをした）

第二十八课 感谢和抱怨 | 感謝、不満、怒り

【常用句】この課に出てくるキーフレーズを覚えましょう　🔊170

1-1 我特别喜欢这张 CD，你可以让给我吗？
　　Wǒ tèbié xǐhuan zhè zhāng CD, nǐ kěyǐ ràng gěi wǒ ma?
　　私はその CD がとても好きなのですが、私に譲っていただけますか。

1-2 原来是这样啊。　Yuánlái shì zhèyàng a.
　　なるほど、そうだったのですか。

2-1 我怎么就没看出来啊？　Wǒ zěnme jiù méi kànchulái ā?
　　私はなぜ気づかなかったのでしょう（＝私には見ても分かりません）。
　　※賞賛を受けたことに対する謙遜表現。「それほどでもありません」。

2-2 可别提了，光外形好有什么用？
　　Kě bié tí le, guāng wàixíng hǎo yǒu shénme yòng?
　　それを言わないでください。外見ばかりよくてもなんの役にも立ちません。

2-3 唉，一提打电话我就来气。　Āi, yì tí dǎ diànhuà wǒ jiù láiqì.
　　ああ、電話をかけると聞いただけで怒りがこみ上げてきます。

2-4 我也是这么想的。　Wǒ yě shì zhème xiǎng de.
　　私もそう思います。

3-1 哎呀，真是气死我了！　Āiyā, zhēnshi qìsǐ wǒ le!
　　ああ、本当に腹が立ちます。

3-2 跟我说说吧，憋在心里对身体挺不好的。
　　Gēn wǒ shuōshuo ba, biē zài xīnli duì shēntǐ tǐng bù hǎo de.
　　私に話してみてください。心にしまいこんでおくと体によくありませんから。

3-3 手机丢了倒没事，可同学、朋友的手机号都存里边了。
　　Shǒujī diū le dǎo méishì, kě tóngxué, péngyou de shǒujī hào dōu cún lǐbian le.
　　携帯電話をなくしたことは別にどうということはないのですが、クラスメイトや友人の携帯電話番号がみな中に保存してあるのです。

3-4 小事一桩，甭客气。　Xiǎoshì yī zhuāng, béng kèqi.
　　大したことではありませんから、お気になさらず。

实况录音 1 | **太谢谢你了**
171 | 同じ CD を買いたがっている女性に呼び止められました

【练习 1　回答问题】
質問に中国語で答えましょう。

1　女的为什么叫男的等一下儿？
2　男的为什么花了很长时间来找这张 CD？
3　女的为什么请男的把 CD 让给她？
4　如果你是录音中的那位先生，你会怎么做呢？

实况录音 2 | 这还叫手机吗
172 携帯電話の機能について不満がいっぱいです

【练习 2　选择正确答案】 **173**
問題を聞き、スキットにあてはまるものを選びましょう。

1. A. 样子一般　　　　　　　　　B. 两个人都觉得不怎么样
   C. 两个人都觉得不错　　　　　D. 不清楚
2. A. 没有发短信的功能　　　　　B. 很好用
   C. 非常慢　　　　　　　　　　D. 每10分钟发一条短信
3. A. 很正常　　　　　　　　　　B. 学长非常不满意
   C. 接电话的人听不清对方说话　D. 打电话的人听不清对方说话
4. A. 不能照相　　　　　　　　　B. 照得还不错
   C. 照的照片很模糊　　　　　　D. 像素还可以
5. A. 都觉得应该换一个新手机
   B. 学长想换，那位同学觉得还可以
   C. 那位同学觉得应该换，学长认为还可以
   D. 都觉得还可以凑合用

单语

学长 xuézhǎng：上級生、先輩（男性）
光 guāng：～だけ
提 tí：指摘する。話題にする
来气 láiqì：怒りがこみ上げる
像素 xiàngsù：画素、ピクセル
模糊 móhu：ぼやけた、あいまいな

实况录音 3　气死我了
174　いらいらしながらピアノを弾いています

【练习3　选择正确答案】　**175**
問題を聞き、スキットにあてはまるものを選びましょう。

1　A. 钢琴弹得不好　　　　　B. 受刺激了
　　　C. 身体不好　　　　　　D. 手机丢了

2　A. 自己的手机丢了　　　　B. 没办法和同学联系了
　　　C. 把同学的手机丢了　　　D. 丢的手机很贵

3　A. 女同学告诉他别的同学的联系方式
　　　B. 女同学提醒他利用QQ打听别的同学的联系方式
　　　C. 女同学安慰他别着急
　　　D. 女同学让他以后多注意

単語

钢琴 gāngqín：ピアノ
刺激 cìji：ショックを与える、刺激する、いらいらさせる
烦 fán：いらいらする
到底 dàodǐ：いったい
憋 biē：(感情を) 抑え込む
丢 diū：なくす
粗心 cūxīn：不注意な、おおざっぱな、そそっかしい
桩 zhuāng：事柄を数える量詞。～件
甭 béng：～する必要はない、～にはおよばない

感谢和抱怨

スキット1　太谢谢你了
本当にありがとうございます

（在音像店里）
女：先生，你可以等一下吗？

男：怎么了？小姐，你有什么事吗？
女：我特别喜欢这张CD，你可以让给我吗？
男：哦，我也特别喜欢这张CD，我找它找了好长时间了。
女：真不好意思，今天是我姐姐的生日，她特别喜欢这张CD，我想送给她当做生日礼物，可以吗？

男：哦，原来是这样啊，那你拿去吧。
女：啊，真的吗？太感谢你了！

男：没什么的。

（CD・DVDショップで）
女性：すみません、ちょっとお待ちいただけますか。
男性：なんですか。なにかご用ですか。
女性：私はそのCDがとても好きなんですが、私に譲ってもらえませんか。
男性：ああ、僕もとてもこのCDが好きで、長い間探していたんです。
女性：本当に申し訳ないのですが、今日は私の姉の誕生日で、姉もそのCDがとても好きなのです。私は姉に誕生日プレゼントとして贈りたいんです。いいですか？
男性：ああ、そうなのですか。ではどうぞ。
女性：まあ、いいんですか。本当にありがとうございます。
男性：どういたしまして。

スキット2　这还叫手机吗
これで携帯電話と言えるのかい

（两个同学在谈手机）
男1：学长，你的手机挺好看的。

男2：噢，是吗，哪儿好啊？我怎么就没看出来啊？
男1：这外形挺好啊。
男2：唉！可别提了，光外形好有什么用啊，发短信特别慢。一条短信能发10分钟。

男1：是吗？那打电话呢？

男2：打电话？唉，一提打电话我就来气呀，有时候接起来，光听见别人说话，别人听不到我说话，你说这还叫手机吗？

（学生同士で携帯電話について話す）
男1：先輩、その携帯電話はかっこいいですね。
男2：ああ、そう思うかい。そうかな。それほどでもないよ。
男1：形がとてもいいですよ。
男2：ああ、それを言わないでくれよ。見た目はいいかもしれないが役に立たないんだ。ショートメールの送信がすごく遅いんだ。メール1本送るのに10分かかるんだ。
男1：そうなんですか。じゃあ、電話（＝通話機能）はどうですか。
男2：通話かい。ああ、通話のことを考えるだけで腹が立つよ。電話に出ても、相手の声が聞こえるだけで、こっちの声が相手に聞こえないってことがあるんだ。これで携帯電話と言えるかい。

男1：哦，这你的手机可以拍照，像素多大的？	男1：へえ、この携帯は写真が取れますね。画素はどれくらいですか。
男2：像素啊，最低了，30万。照片拍出来特别模糊。	男2：画素かい。いちばん少ない部類さ。30万画素だよ。写真をとってもすごくぼやけてるんだ。
男1：我看，你还是换一个吧。	男1：それなら、新しいのに換えたほうがいいのではないですか。
男2：我也是正这么想着呢。	男2：僕もそう思っていたところだよ。

スキット3　气死我了
腹が立った

（在琴房里）	（ピアノ室で）
男同学：哎呀，真是气死我了! 钢琴也弹不好。	男子学生：ああ、本当に腹が立つな。ピアノもうまく弾けないよ。
女同学：哎? 怎么了你，又受什么刺激啦?	女子学生：あら、どうしたの。何かショックなことでもあったの。
男同学：唉呀，你别管我，我烦着呢。	男：ああ、ほっといてくれよ。いらいらしてるんだ。
女同学：呃，你别急啊，到底出什么事啦? 哎, 我们我们可是朋友啊，跟我说说吧，憋在心里对身体不好的。	女：ねえ、怒らないで。いったい何があったの。ほら、私たち…私たち友達じゃないの。話してみて。1人で抱え込んでいると体に毒よ。
男同学：哎呀，我今天手机啊，又丢了, 心情不好，我真是太粗心了。	男：ああ、僕は今日、携帯をさ、またなくしたんだ。気持ちが落ち着かないよ。僕は本当にそそっかしいなあ。
女同学：啊，又丢啦。第几个啦?	女：ああ、またなくしたの。何台目なの。
男同学：都第三个啦。手机丢了倒没事，同学、朋友手机号都存里边了，这一丢以后都没法儿联系了。	男：もう3台目だよ。携帯電話をなくしたって構わないけど、クラスメイトや友達の電話番号が全部保存してあるんだ。一度なくしたら、これから連絡取れなくなっちゃうんだ。
女同学：呃，你先别着急，咱不是还有QQ呢吗，上面应该能打听到朋友的联系方式吧。	女：ねえ、とりあえず落ち着いて。まだQQ（チャットソフト）があるじゃないの。チャットで友達に電話番号を聞けるはずよ。
男同学：唉，唉，对哈，还是你有办法，呵呵，真是太谢谢你了!	男：ええっ、あれ、そうか。君いい考えだね。ははは、君に感謝するよ。
女同学：嗨，小事一桩，甭客气，以后注意点儿就是了。	女：もう、たいしたことないもの、感謝にはおよばないわ。これから気を付ければ大丈夫よ。

感谢和抱怨

文法解説

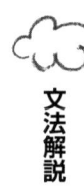

1 你可以让给我吗?（私に譲っていただけますか）
让：何らかのよいことや利便を他人に与えること。後ろに"**着**"や"**给**"が続くことが多い。
（例）他是你弟弟，你应该让着他点儿。
　　　彼はあなたの弟なのだから、あなたが少し譲ってあげなさい。

2 光外形好有什么用?（外観ばかりよくてもなんの役にも立ちません）
光：ただ、～だけ。
（例）他这个人光说不做。
　　　彼という人は口先ばかりで実行が伴いません。

3 一提打电话我就来气
（電話をかけると聞いただけで怒りがこみ上げてきます）
一提：～と聞くだけで、～について言うだけで。"**一提起来**""**一说起来**"と同じ意味で、後ろに"**就**"が用いられることが多い。
（例）一提考试他就头疼。
　　　テストのことを考えるだけで彼は頭が痛む。
来气：人を怒らせる。人を不機嫌にさせる。
（例）我只要看到他就来气。
　　　彼を見かけるだけで腹が立つ。

4 又受什么刺激啦?（何かショックなことでもあったのですか）
刺激：精神的な挫折や打撃をもたらすこと。
（例）公司的倒闭对他刺激很大。
　　　会社の倒産は彼にとって大変なショックだった。

文化解説

1 学长（先輩（男性））
学长：上級生に対する呼称。類似の呼称に"**学兄**""**学姐**""**学弟**""**学妹**"がある。

2 像素多大的？（画素はどれくらいですか）
像素：画素はデジタルカメラの画像解像度を示す指標で、性能比較の重要なポイント。デジタルカメラやデジタルビデオカメラを購入しようとする消費者は画素について尋ねることが多い。

練習の問題文と解答

【練習 1】

1 女性はなぜ男性を呼び止めたのか
　因为女的希望男的让给她一张 CD。
2 男性はなぜ時間をかけてこの CD を探していたのか
　因为男的特别喜欢这张 CD。
3 女性はなぜ CD を男性から譲ってもらおうとしたのか
　因为女的想把 CD 送给她姐姐。
4 もしあなたがこの男性だとしたら、あなたはどうするか
　我也会同样做。/ 我不会让给别人。

【練習 2】

1 这部手机样子怎么样？（この携帯電話の外観はどうか）
　C. とても良いと 2 人とも思っている
2 这部手机发短信怎么样？（この携帯電話のメール送信機能はどうか）
　C. とても遅い
3 这部手机打电话怎么样？（この携帯電話の通話機能はどうか）
　B. 先輩は不満に思っている
4 这部手机拍照怎么样？（この携帯電話の撮影機能はどうか）
　C. 撮影した写真がぼやけている
5 最后他俩对这部手机的看法是什么？（結論として 2 人はこの携帯電話をどう考えたか）　A. 2 人とも新しいものに換えるべきだと思った

【練習 3】

1 这位男同学为什么生气？（男子学生はなぜ腹を立てているのか）
　D. 携帯電話をなくしたから
2 最让这位男同学着急的是什么？（男子学生が最も気をもんでいるのは何か）
　B. クラスメイトと連絡を取る手段がなくなったこと
3 他为什么要感谢这位女同学？（男子学生はなぜ女子学生に感謝しているか）
　B. QQ を利用してクラスメイトの電話番号を聞く方法を提案してくれたから

感谢和抱怨 | 241

第二十九课 看电视，听广播 | テレビを見る、ラジオを聞く

【常用句】この課に出てくるキーフレーズを覚えましょう　　176

1-1 你能否利用自己的聪明才智战胜他呢？
Nǐ néngfǒu lìyòng zìjǐ de cōngmíng cáizhì zhànshèng tā ne?
あなたはその頭脳と才知で彼に勝つことができますか。

1-2 敬请收看本期"挑战主持人"。　Jìng qǐng shōukàn běnqī "Tiǎozhàn Zhǔchírén".
本日の『キャスターに挑戦』をどうぞご覧ください（＝お楽しみください）。

2-1 隔着好几座山都能听得见呢。　Gé zhe hǎojǐ zuò shān dōu néng tīng de jiàn ne.
いくつも山を隔てていても聞こえます。

2-2 我听阿爸说，村里将建移动通信的基站。
Wǒ tīng ābà shuō, cūnlǐ jiāng jiàn yídòng tōngxìn de jīzhàn.
お父さんが言っていました。村に携帯電話の基地局ができると。

3-1 欢迎收看新闻联播节目，今天节目的主要内容有：
Huānyíng shōukàn Xīnwén Liánbō jiémù, jīntiān jiémù de zhǔyào nèiróng yǒu:
『新聞聯播』をご覧いただきありがとうございます。本日の主な内容は次の通りです。

3-2 胡锦涛主持仪式，欢迎约旦国王阿卜杜拉二世访华。
Hú Jǐntāo zhǔchí yíshì, huānyíng Yuēdàn guówáng Ābǔdùlā èr shì fǎnghuá.
胡錦濤主席はヨルダン国王アブドラ2世の訪中を歓迎する式典を催しました。

3-3 国务院总理温家宝、中央军委主席胡锦涛，签署第509号国务院、中央军委令。
Guówùyuàn zǒnglǐ Wēn Jiābǎo, Zhōngyāng Jūnwěi zhǔxí Hú Jǐntāo, qiānshǔ dì wǔbǎi líng jiǔ hào guówùyuàn, Zhōngyāng Jūnwěi lìng.
国務院の温家宝総理と、国家中央軍事委員会の胡錦濤主席は、第509号国務院・中央軍委令に署名しました。

3-4 各地学习贯彻十七大精神，做好节能减排新文章。

Gèdì xuéxí guànchè shí qī-dà jīngshén, zuòhǎo jiénéng jiǎnpái xīn wénzhāng.

各地で、十七大精神を学び徹底するためとして、省エネルギー・環境保護の新たな施策が進められています。

3-5 嫦娥一号卫星飞行远地点高度创我国航天飞行测控新纪录。

Cháng'é Yī Hào wèixīng fēixíng yuǎndìdiǎn gāodù chuàng wǒ guó hángtiān fēixíng cèkòng xīnjìlù.

月探査衛星嫦娥1号の飛行到達点および高度は我が国の航空宇宙探査における新記録を樹立しました。

3-6 下面请看详细内容。　Xiàmiàn qǐng kàn xiángxì nèiróng.

続いて詳しい内容をご覧ください。

实况录音1 | 挑战主持人
177 | クイズ番組のオープニングを聞いてみましょう

【练习1　选择正确答案】　　　**178**
問題を聞き、スキットにあてはまるものを選びましょう。

1	A. 江正	B. 蒋征	C. 姜争	D. 蒋珍
2	A. 个子很高	B. 聪明过人	C. 经验丰富	D. 是女选手
3	A. 是3位女性	B. 非常聪明	C. 个子很高	D. 比赛经验丰富

単語

擂主 lèizhǔ：チャンピオン
来自 láizì：〜出身。〜から来た
舞台 wǔtái：ステージ。晴れ舞台
经验 jīngyàn：経験、体験
海拔 hǎibá：海抜
利用 lìyòng：利用する

聪明 cōngmíng：聡明な、賢い
才智 cáizhì：才能と知恵、才知
战胜 zhànshèng：(戦いに) 勝つ
收看 shōukàn：見る、視聴する
挑战主持人 Tiǎozhàn Zhǔchírén：テレビ番組名。「挑戦主持人(キャスターに挑戦)」

实况录音2	听广告
179	携帯電話基地局のコマーシャルを聞いてみましょう

【练习2　判断下列句子的正误】　　　　　　　　　　　　180

読み上げる文章がスキットと合っていれば○、間違っていたら×を書きましょう。

1 _____　2 _____　3 _____　4 _____　5 _____
6 _____　7 _____

単語

青妮 Qīng Nī：(人名) 青妮
独龙族 Dúlóngzú：トールン族。中国の少数民族
鸣叫 míngjiào：さえずる
织布 zhībù：(機で) 布を織る
亲手 qīnshǒu：自ら、自らの手で
隔 gé：隔てる。距離を開ける
嫁 jià：嫁ぐ、(女性が) 結婚する
建 jiàn：建築する、造る
基站 jīzhàn：基地局
甜 tián：(音楽の) 調子が美しい。甘い

看电视，听广播　245

实况录音 3 | 听新闻
181
"新闻联播节目"（ニュース番組）のオープニングを聞いてみましょう

【练习 3　判断下列句子的正误】　**182**
読み上げる文章がスキットと合っていれば○、間違っていたら×を書きましょう。

1 ＿＿＿　2 ＿＿＿　3 ＿＿＿　4 ＿＿＿　5 ＿＿＿
6 ＿＿＿　7 ＿＿＿　8 ＿＿＿

単語

新闻联播 Xīnwén Liánbō：中央電視台のニュース番組名。CCTV ニュース
内容 nèiróng：内容
胡锦涛 Hú Jǐntāo：（人名）胡錦濤。中華人民共和国第 6 代国家主席、第 3 代国家中央軍事委員会主席、中国共産党第 4 代中央委員会総書記、第 5 代中央軍事委員会主席
主持 zhǔchí：取り仕切る。司会をする
仪式 yíshì：儀式、セレモニー
约旦 Yuēdàn：（国名）ヨルダン
国王 guówáng：国王
阿卜杜拉 Ābǔdùlā：（人名）ヨルダン王アブドラ 2 世
会谈 huìtán：会談。話し合い
国务院 guówùyuàn：国務院。中国の国家最高行政機関
总理 zǒnglǐ：首相、宰相、総理大臣
温家宝 Wēn Jiābǎo：（人名）温家宝。中華人民共和国第 6 代国務院総理
中央军委 zhōngyāng jūnwěi：中央軍事委員会。中国の軍事最高指導機関
主席 zhǔxí：国家や組織の長。議長、委員長。中国の主席
签署 qiānshǔ：署名する
修改 xiūgǎi：修訂する、改訂する
贾庆林 Jiǎ Qìnglín：（人名）賈慶林。中華人民共和国第 6 代人民政治協商会議主席
强调 qiángdiào：強調する
武装 wǔzhuāng：武装する
贯彻 guànchè：徹底して行う
节能 jiénéng：省エネルギー
减排 jiǎnpái：温室効果ガス排出量・環境汚染廃水排水量削減
金正日 Jīn Zhèngrì：（人名）金正日。朝鮮民主主義人民共和国第 2 代最高指導者
刘云山 Liú Yúnshān：（人名）劉雲山。中国共産党中央宣伝部長
口信 kǒuxìn：口頭による伝言
嫦娥一号 Cháng'é Yī Hào：月探査衛星嫦娥（じょうが）1 号。2007 年 10 月に打ち上げられた
卫星 wèixīng：衛星
高度 gāodù：高さ、高度
测控 cèkòng：観測し制御する
详细 xiángxì：詳しい、詳細な

スキット1　挑战主持人
キャスターに挑戦

画外音：挑战无处不在。
主持人：本期擂主蒋征来自北京，从小参加各种比赛，舞台经验十分丰富，而今天来挑战擂主的是三位海拔很高，智慧过人的女选手。她们又能否利用聪明才智，战胜蒋征，敬请收看本期"挑战主持人"。

（テレビ番組の音声）
ナレーション：すべてが挑戦。
司会者：今回のチャンピオン、蒋征さんは北京出身で、子供のころから様々なオーディションを受け、本番の経験の豊富な方です。そして本日、チャンピオンに挑戦するのは、とても背が高く、抜群に知的な3人の女性選手です。彼女たちはその頭脳と才知で蒋征さんに勝つことができるでしょうか。本日の『キャスターに挑戦』をどうぞお楽しみください。

スキット2　听广告
コマーシャルを聞く

（电视台的广告）
青　妮：我叫青妮，是独龙族。我喜欢听鸟儿的鸣叫，我听得出它们的说话声。我还喜欢听小狗的叫声，它一叫啊，我就知道阿爸回来了。我喜欢听阿妈的织布声，每年我都会穿上阿妈亲手做的花衣裳，可我最喜欢听的还是阿姐的山歌声。隔着好几座山都能听得见呢。可现在我听不到阿姐的歌声了。阿姐嫁到了远方的城里，直到有一天，我听阿爸说，村里将建移动通信的基站，我很快又能听到阿姐的歌声了。基站建好以后，我真的听见了阿姐的歌声，还是那么甜，那么亮。

（テレビコマーシャルの音声）
青妮：私は青妮といいます。トールン族です。鳥のさえずりが好きです。鳥たちの話し声も聞き分けられます。それから小犬の鳴き声も好きです。小犬がワンと吠えると、お父さんが帰ってきたことが分かるのです。お母さんが機織りをしている音も好きです。毎年、お母さんが手作りしてくれた晴れ着を着られるからです。でも私がいちばん好きなのは、やっぱりお姉ちゃんが歌う山歌です。いくつも向こうの山からでも聞こえますよ。でも、今はおねえちゃんの歌声を聞けなくなってしまいました。お姉ちゃんが遠くの街にお嫁に行ってしまったからです。でもある日、お父さんが言っていました。村に携帯電話の基地局ができるから、きっとまたすぐにお姉ちゃんの歌声が聞けるようになるよって。基地局ができてからは、本当にお姉ちゃんの歌声

画外音：中国移动通信。 　　　　ナレーション：中国移動通信。

スキット3 | **听新闻**
ニュースを聞く

(中央电视台的新闻联播节目) 　　　　(CCTVのニュース番組『新聞聯播』)

男播音员：观众朋友们，晚上好。

男性アナウンサー：視聴者のみなさん、こんばんは。

女播音员：晚上好。

女性アナウンサー：こんばんは。

男播音员：今天是10月30号，星期二，农历九月二十。欢迎收看新闻联播节目。

男：10月30日、火曜日、農暦9月20日です。『新聞聯播』をご覧いただきありがとうございます。

女播音员：今天节目的主要内容有：

女：本日の主な内容は次の通りです。

男播音员：胡锦涛主持仪式，欢迎约旦国王阿卜杜拉二世访华，并与阿卜杜拉二世举行会谈。

男：胡錦濤主席はヨルダン国王アブドラ2世の訪中を歓迎する式典を催し、アブドラ2世と会談しました。

女播音员：国务院总理温家宝、中央军委主席胡锦涛，签署第509号国务院、中央军委令。公布国务院中央军委修改关于中华人民共和国飞行基本规则的决定。

女：国務院の温家宝総理と、国家中央軍事委員会の胡錦濤主席は、第509号国務院・中央軍事委員会令に署名し、「国務院および中央軍事委員会が『中華人民共和国航空基本規則』を改訂する決定」を発布しました。

男播音员：贾庆林强调统一战线要用十七大精神武装头脑，指导实践，推动工作。

男：賈慶林氏は、統一戦線には十七大精神（中国共産党第17回全国代表大会で提唱された主旨）による知識武装を行い、実践を指導し推進することが必要であると強調しました。

女播音员：各地学习贯彻十七大精神，做好节能减排新文章。

女：各地で、十七大精神を学び徹底するためとして、省エネルギー・環境保護の新たな施策が進められています。

男播音员：金正日会见刘云山。刘云山转达胡锦涛致金正日的口信。

男：北朝鮮金正日総書記は劉雲山氏と会見しました。劉雲山氏は胡錦濤国家主席から金正日総書記への言づけを伝えました。

女播音员：嫦娥一号卫星飞行远地点高度创我国航天飞行测控新纪录。下面请看详细内容。

女：月探査衛星嫦娥1号の飛行到達点および高度は我が国の航空宇宙探査における新記録を樹立しました。続いて（各ニュースの）詳しい内容をご覧ください。

文法解説

1 每年我都会穿上阿妈亲手做的花衣裳
(毎年、お母さんが手作りしてくれた晴れ着を着ます)
"阿妈"と"阿姐"は中国南方方言で、それぞれ母と姉を指す。こうした親族呼称は他に"阿爸"(父)、"阿哥"(兄)、"阿弟"(弟)、"阿妹"(妹)がある。
亲手：自らの手(で何かを行う)
(例) 这是妈妈亲手给他做的衣服。
　　 これは母が彼のために手作りした服です。

2 做好节能减排新文章
(省エネルギー・環境保護の新たな施策が進められています)
文章：特に取り組むべき課題、特に効果的な手法などを表す比喩的表現。ときには疑いをさしはさむべき問題について言う場合もある。
(例) 旅游事业大有文章可做。
　　 旅行事業には大いに腕をふるう余地があります。

3 刘云山转达胡锦涛致金正日的口信(劉雲山氏は胡錦濤国家主席から金正日総書記への言づけを伝えました)
转达：伝達する。取り次ぐ。一方の意思や話の内容をもう一方に伝言すること。
(例) 请您转达我对他的谢意。
　　 彼への感謝の気持ちをどうかお伝えください。
口信：口頭で伝えられた話のこと。
(例) 你放心走吧，我一定把你的口信转告给他。
　　 安心してお行きください。あなたからの伝言は必ず彼に伝えますから。

4 创……纪录(……の記録を打ち立てる)
新たな記録を樹立すること。成果が突出しており、それ以前の最高の記録を超えていること。
(例) 今年春节我们家买了1000多元的鞭炮，创了个新纪录。
　　 今年の春節に我が家では1000元以上の爆竹を買いました。我が家の新記録です。

文化解説

1 挑战无处不在（すべてが挑戦）

无处不在：どこもすべて。どこにでも。"**挑战无处不在**"は中央電視台（CCTV）のテレビ番組"**挑战主持人**"のキャッチコピー。この番組ではキャスターになることを夢見る挑戦者が競い合う。このキャッチコピーは、ゲストはみな挑戦を受けなければならないとし、勝負の雰囲気を盛り上げている。

2 而今天来挑战擂主的是三位海拔很高，智慧过人的女选手

（本日、チャンピオンに挑戦するのは、とても背が高く、抜群に知的な3人の女性選手です）

擂主：前回の勝者。王座。チャンピオン。"**擂主制**"では前回の勝者がチャンピオンとして新たな挑戦者と勝負し、その勝者が次回のチャンピオンとなる。

（例）这次比赛李英是擂主，不知道她能不能保住自己的位子。
　　　この勝負で挑戦を受けるチャンピオンは李英さんですが、彼女は自分の王座を防衛できるでしょうか。

海拔：本来は平均海面を基準とする高度で、山地・平原・高原などの高度を示すために用いられる。ここでは人の身長を表しており、諧謔的でユーモラスな表現となっている。

3 村里将建移动通信的基站（村に携帯電話の基地局ができる）

基站：携帯電話基地局。無線電信の送受信局であり、電話網の末端として、特定の無線エリアにおいて携帯端末との間でデータ送受信を行う。

4 欢迎收看新闻联播节目

（『新聞聯播』をご覧いただきありがとうございます）

新闻联播：中国中央電視台（CCTV）の看板番組で、毎晩7時からニュースを放送する。中国国内の多くのテレビ局が同時放送する。

練習の問題文と解答

【練習1】
1 擂主叫什么名字？（チャンピオンの名前は）
    B. 蒋征
2 录音中是怎样描写这位擂主的？（チャンピオンはどのように描写されているか）
    C. 経験が豊富
3 下面哪一点不符合今天的挑战者？（本日の挑戦者に合わない選択肢は次のうちどれか）　D. 本番の経験が豊富である

【練習2】
1 ×
这是关于手机的一段广告。(これは携帯電話のコマーシャルだ)
2 ○
青妮是独龙族人。(青妮はトールン族だ)
3 ○
青妮的花衣裳是阿妈亲手织布做成的。(青妮の晴れ着は母の手織りの布で作られている)
4 ×
青妮最喜欢唱山歌。(青妮は山歌を歌うのが好きだ)
5 ×
青妮的姐姐还没结婚。(青妮の姉はまだ結婚していない)
6 ×
独龙乡不久就会建移动通信基站的。(トールン族の村ではまもなく携帯電話基地局が作られる)
7 ○
基站的建立对青妮一家来说是一件好事。(基地局ができるのは青妮の家族にとって嬉しいことだ)

【練習3】
1 ×
今天是10月30号，星期三，农历九月二十。(今日は10月30日、水曜日、農暦9月20日だ)
2 ×
胡锦涛主持仪式，欢迎约旦总统阿卜杜拉访华，并与阿卜杜拉举行会谈。(胡錦濤主席はヨルダンのアブドラ大統領の訪中を歓迎する式典を催し、アブドラ氏と会談した)
3 ○
国务院总理温家宝、中央军委主席胡锦涛，签署第509号国务院、中央军委令。(国務院の温家宝総理と、国家中央軍事委員会の胡錦濤主席は、第509号国務院・中央軍委令に署名した)
4 ×
贾庆林强调统一战线要用十六大精神武装头脑，指导实践，推动工作。(賈慶林氏は、統一戦線には十六大精神による知識武装を行い、実践を指導し推進することが必要であると強調した)
5 ○
各地十分重视节约能源，保护环境的工作。(各地で省エネルギーと環境保護の施策が重視されている)
6 ○
金正日会见刘云山，刘云山转达胡锦涛致金正日的口信。(金正日総書記は劉雲山氏と会見し、劉雲山氏は胡錦濤国家主席から金正日総書記への言づけを伝えた)
7 ○
嫦娥一号卫星飞行远地点高度创我国航天飞行测控新纪录。(月探査衛星嫦娥1号の飛行到達点および高度は我が国の航空宇宙探査における新記録を樹立した)
8 ×
这次新闻联播的主要内容有5项。(この回の『新聞聯播』の主な内容は5項目あった)

第三十课 文化生活 | 中国文化

【常用句】この課に出てくるキーフレーズを覚えましょう　183

1-1 我去了国宝展厅和历史展厅。　Wǒ qù le guóbǎo zhǎntīng hé lìshǐ zhǎntīng.
私は国宝展示室と歴史展示室に行ってきました。

1-2 最吸引我的是少数民族剪纸。　Zuì xīyǐn wǒ de shì shǎoshù mínzú jiǎnzhǐ.
私がもっとも惹きつけられたのは少数民族の切り絵です。

1-3 现在马上就要闭馆了。　Xiànzài mǎshàng jiùyào bì guǎn le.
もう間もなく閉館となります。

2-1 这是今天演出的节目单。　Zhè shì jīntiān yǎnchū de jiémùdān.
これが本日のプログラムです。

2-2 那是一首著名古筝曲吧。　Nà shì yì shǒu zhùmíng gǔzhēngqū ba.
それは古筝の有名な曲ですよね。

2-3 二胡是我最喜欢的中国乐器。　Èrhú shì wǒ zuì xǐhuan de Zhōngguó yuèqì.
二胡が私のいちばん好きな中国楽器です。

3-1 那还用说，都赶上专业的京剧演员了。
Nà hái yòng shuō, dōu gǎnshang zhuānyè de Jīngjù yǎnyuán le.
言うまでもありません。まるでプロの京劇俳優のようです。

3-2 你对京剧还是蛮了解的嘛。　Nǐ duì Jīngjù háishi mán liǎojiě de ma.
あなたは京劇についてとても詳しく理解していらっしゃるのですね。

3-3 京剧里的人物分为生、旦、净、丑四种类型。
Jīngjù li de rénwù fēn wéi shēng, dàn, jìng, chǒu sì zhǒng lèixíng.
京劇に出てくる人物は、生・旦・浄・丑の四種のタイプに分かれています。

3-4 说得一点儿都没错儿！　Shuō de yìdiǎnr dōu méi cuòr!
言っていることが少しも間違っていません（＝お話になった内容はまったくその通りです）ね。

实况录音 1 | 我去了国宝展厅
184　博物館に来ています

【练习1　选择正确答案】　**185**
問題を聞き、スキットにあてはまるものを選びましょう。

1　A. 国宝展厅　　B. 历史展厅　　C. 民俗展厅　　D. 剪纸展厅
2　A. 工艺精美　　B. 清朝制作的　C. 传世罕见　　D. 是乾隆皇帝的
3　A. 国宝展厅　　B. 精品展厅　　C. 民俗展厅　　D. 历史展厅

単語

国宝　guóbǎo：国宝
展厅　zhǎntīng：展示室
民俗　mínsú：民間の風俗習慣、民俗
展品　zhǎnpǐn：展示品
吸引　xīyǐn：惹きつける
少数民族　shǎoshù mínzú：少数民族
剪纸　jiǎnzhǐ：切り絵
清　Qīng：清朝
乾隆　Qiánlóng：清朝の乾隆帝の治世（1736-1796）
葫芦瓶　húlupíng：葫芦瓶（ころへい）。"葫芦"（ひょうたん）の形に似た花瓶
做工　zuògōng：職人による細工（の技量）、できばえ
精美　jīngměi：精巧である、美しい
传世　chuánshì：昔の物が後世まで受け継がれる
罕见　hǎnjiàn：珍しい、めったに見られない
珍品　zhēnpǐn：珍しいもの、宝物

文化生活

实况录音 2 | 演出快开始了
186 中国伝統楽器の演奏会に来ました

古筝
（民族楽器店内）

【练习2　回答问题】
質問に中国語で答えましょう。

1　她们看的是什么演出?
2　她们分别喜欢什么乐器?
3　《渔舟唱晚》这首曲子是用什么乐器来演奏的?
4　《二泉映月》这首曲子是用什么乐器来演奏的?
5　为什么说二胡很神奇?
6　你知道中国还有什么民族乐器吗?

単語

节目单　jiémùdān：プログラム
渔舟唱晚　Yúzhōu Chàng Wǎn：古筝で演奏される楽曲の名
古筝　gǔzhēng：古筝（伝統的な中国楽器）
乐器　yuèqì：楽器
二胡　èrhú：二胡（伝統的な中国楽器）
神奇　shénqí：不思議である、神秘的である
弦儿　xiánr：弦楽器の弦
演奏　yǎnzòu：楽器を演奏する
动听　dòngtīng：聴いて素晴らしい、人を傾聴させる
二泉映月　Èr Quán Yìng Yuè：二胡で演奏される楽曲の名

实况录音 3 | **都赶上专业的京剧演员了**
187 | 町内の中秋節祭に参加する王さんが京劇の練習をしています

【练习 3　判断下列句子的正误】　　　　　　　　　　　188
読み上げる文章がスキットと合っていれば○、間違っていたら×を書きましょう。

1 ＿＿＿　2 ＿＿＿　3 ＿＿＿　4 ＿＿＿　5 ＿＿＿
6 ＿＿＿　7 ＿＿＿　8 ＿＿＿　9 ＿＿＿

単語

热闹 rènao：にぎやかである
社区 shèqū：地域コミュニティー、町内
赶上 gǎnshang：追いつく、〜に匹敵する
专业 zhuānyè：プロの、専門の
演员 yǎnyuán：俳優
苏三起解 Sū Sān Qǐjiè：京劇の作品名
蛮 mán：とても、すごく
玉堂春 Yùtángchūn：京劇の作品名
折 zhé：京劇の1節をあらわす量詞
角色 juésè：役柄
行当 hángdàng：京劇における役柄の類型
类型 lèixíng：タイプ、類型

属于 shǔyú：〜のものである、〜に属する
正旦 zhèngdàn：京劇の行当の1つで青衣に同じ
青衣 qīngyī：京劇で、旦（女性）の役柄の一類型。（誠実な妻、貞淑な女性、しとやかながら苦難に立ち向かう少女など）
秦香莲 Qín Xiānglián：京劇の作品名
包公 Bāo Gōng：清廉潔白で知られる包拯（中国の歴史上の人物）の尊称
脸谱 liǎnpǔ：京劇で用いられる隈取りの化粧
任务 rènwù：役割、仕事、任務

スキット 1　我去了国宝展厅
国宝展示室に行ってきました

（博物馆里）
甲：你去了哪个展厅？
乙：我去了国宝展厅和历史展厅。你呢？

甲：我去了民俗展厅。
乙：哦。你觉得民俗展厅里哪个展品最吸引你啊？

甲：最吸引我的是少数民族剪纸。你呢？你最喜欢国宝展厅的哪件展品？

乙：我最喜欢的是那个清乾隆年间的葫芦瓶，它做工十分精美，听说是传世罕见的珍品。

甲：是吗？我也好想去看看。
乙：嗯……可是现在马上就要闭馆了，听说这里下个星期还有精品馆对外开放。下个星期我们再一起来吧。

甲：好吧。

（博物館で）
A：どの展示室に行ってきたの？
B：国宝展示室と歴史展示室に行ってきたよ。あなたは？

A：民俗展示室よ。
B：へえ。民俗展示室ではどの展示品に惹きつけられたの？

A：いちばん惹きつけられたのは、少数民族の切り絵。あなたは？国宝展示室ではどの展示品が好き？

B：いちばん好きなのは、清朝乾隆年間の葫芦瓶（ころへい）。造りがとても精巧で、珍しい伝世の名品なんだって。

A：そうなの？私も行って見てみたいな。
B：うーん、でももうすぐ閉館になるわよ。ここでは来週も名品の公開があるんですって。来週また一緒に来ようよ。

A：うん、そうしよう。

スキット 2　演出快开始了
もうすぐコンサートが始まるよ

（两个朋友在演出开始前看节目单）

甲：哎，你看，这是今天的节目单。哎，有我喜欢的曲子《渔舟唱晚》。

乙：是一首著名的古筝曲吧？
甲：对，古筝是我最喜欢的中国乐器。你喜欢什么乐器呀？

乙：我嘛，我喜欢二胡。
甲：二胡呀，很神奇，两根弦儿就能演奏出那么动听的声音。你喜欢哪首二胡演奏曲呀？

乙：当然是《二泉映月》啦！
甲：噢，演出快开始了。
乙：好的。

（友達同士でコンサート前にプログラムを見ながら）

A：ねえ、見て。これが今日のプログラムよ。あ、私の好きな「漁船唱晩」の曲がある。

B：それは有名な古筝の曲ね。
A：そうよ。古筝は私が一番好きな中国楽器なの。あなたはなんの楽器が好きなの？

B：私？私は二胡が好きよ。
A：二胡って、とても不思議よね。たった２本の弦であんな感動的な音が出せるのよね。二胡の曲では何が好きなの？

B：もちろん「二泉映月」よ。
A：あ、コンサートが始まりそうよ。
B：そうね。

スキット 3　都赶上专业的京剧演员了
まるでプロの京劇俳優のようです

（王阿姨正在唱京剧）

年轻人：王阿姨，您这儿好热闹啊！正在为下个星期的社区中秋晚会排练吧？

王阿姨：对！刚才我唱得怎么样？

年轻人：那还用说，都赶上专业的京剧演员了。

王阿姨：谢谢，谢谢！

年轻人：您刚才唱的是《苏三起解》吧？

王阿姨：对呀，没错儿！你对京剧还是蛮了解的嘛。

年轻人：没看出来吧。我还知道这段儿《苏三起解》是传统剧目《玉堂春》中的一折。

王阿姨：行啊，年轻人，知道的还真不少！那我再考考你吧。京剧里大致分为几个角色行当？

年轻人：京剧里按人的不同性别、年龄、身份、性格划分为生、旦、净、丑四种类型的角色。演员专演一种类型的角色，就形成了为生、旦、净、丑四个行当。

王阿姨：说得一点儿也没错儿！

年轻人：而且，我还知道您扮演的苏三于旦角儿里的正旦，也就是青衣。

王阿姨：那你知道刘大爷在《秦香莲》里扮演的包公属于哪个行当吗？

年轻人：嗯……属于"净"，也叫大花脸。所以刚才我看到刘大爷在画脸谱儿。

王阿姨：对了，下星期中秋晚会上拍照的任务就交给你了。

年轻人：没问题，您就放心吧。

（王さんが京劇を歌っている）

若者：王さん、ここはずいぶんにぎやかですね。来週の地区中秋パーティーに向けて稽古をなさってるんですね。

王さん：そうよ。私の歌、どうだった？

若者：言うまでもないですよ。まるでプロの京劇俳優のようでした。

王さん：ありがとう。

若者：さっき歌っていたのは「蘇三起解」ですよね。

王さん：そうよ、そのとおり。あなた京劇に詳しいのね。

若者：意外だったでしょう。「蘇三起解」が古典演目「玉堂春」の一節だということも知っているんですよ。

王さん：すごいわ、若いのに、とても詳しく知っているのね。じゃあ、ちょっとテストしてみましょう。京劇では、配役がおおまかにいくつの行当（ハンダン）に分けられる？

若者：京劇では、性別や年齢、身分、性格によって、生・旦・浄・丑の4タイプの役柄に分けられます。俳優は1種類の役柄を専門に演じるので、生・旦・浄・丑の4つの行当が形成されています。

王さん：その通り。まったく間違いがないわね。

若者：それから、王さんが演じる蘇三は、旦の中でも正旦で、青衣ともいうのですよね。

王さん：それじゃあ、劉さんが「秦香蓮」で演じる包公はなんの行当か分かる？

若者：えーと、"浄"で、大花臉とも呼ばれますね。それでさっき劉さんは臉譜（隈取り）を描いていたんですね。

王さん：そうよ。来週の中秋パーティーでは写真係をあなたにお願いするわ。

若者：いいですよ、おまかせください。

文法解説

1　它做工十分精美，听说是传世罕见的珍品
（造りがとても精巧で、珍しい伝世の名品なのだそうです）
传世罕见："传世"とは代々受け継がれることで、珍品名宝・書画・書物など古代の文物が後世に伝えられることを指す。"罕见"とはたいへん珍しいこと、めったに見られないことを指す。
（例）这真是传世罕见的名画！
　　　これはたいへん珍しい伝世品の名画です。

2　您这儿好热闹啊！（ここはずいぶんにぎやかですね）
好：程度が深いことを表し、意味は"很""非常"に近い。"好不"とも言うが、"好不"は一部の2音節形容詞のみを修飾する。
（例）今天商场里好不热闹。
　　　今日のショッピングモールはずいぶんにぎやかだ。

3　那还用说，都赶上专业的京剧演员了
（言うまでもないですよ。まるでプロの京劇俳優のようでした）
那还用说：反問の語気を伴っており「改めて言う必要はない」という意味。相手の話やその内容がまさに想定の範囲内であることを表す。そのため"那还用说"に続く話はしばしば省略される。
（例）A：我看小王很有可能拿冠军。
　　　B：那还用说。
　　　A：王さんは優勝する可能性が高いと思うな。
　　　B：言うまでもないよ。

4　你对京剧还是蛮了解的嘛（あなたは京劇にとても詳しいですね）
蛮：とても。南方方言で常用されるが、現在は普通話でもしばしば用いられる。
（例）他对我蛮关心的，什么事都帮助我。
　　　彼は私をとても気にかけていて、なんでも手伝ってくれます。

文化解説

1　最吸引我的是少数民族剪纸
（いちばん惹きつけられたのは、少数民族の切り絵です）
剪纸：切り絵。色紙から人物・動物・草花などを切り出して形作る民芸、また、その技法のみで作られた民芸品。

2　古筝是我最喜欢的中国乐器（古筝は私が一番好きな中国楽器です）
古筝：弦楽器。木製で細長い形をしている。唐宋時代には13弦

だったが後に 16 弦に増え、現在では 25 弦となっている。"箏"とも呼ばれる。

3 生、旦、净、丑四个行当（生・旦・浄・丑の 4 つの"行当"）
京劇には"**生**"（男性）、"**旦**"（女性）、"**净**"（男性で、顔に隈取りの化粧を施す）、"**丑**"（男女の道化役）の 4 種類の役柄"**行当**"（ハンダン）がある。登場人物は、誠実か不誠実か、美しいか醜いか、善か悪か、といったようにその性格はきわめて明確に描き分けられている。

練習の問題文と解答

【練習1】
1 录音中没有提到哪个展厅？（スキットで挙げられなかった展示室はどれか）
　D．切り絵展示室
2 下面哪一点不符合录音中提到的葫芦瓶？（葫芦瓶の特徴に当てはまらないのはどれか）　D．乾隆帝の所持品であった
3 下星期对外开放的是哪个地方？（来週、公開が行われるのはどこか）
　B．名品展示室

【練習2】
1 彼女たちが見ているのはなんのコンサートか　是中国乐器演出。
2 彼女たちはそれぞれなんの楽器を好んでいるか　一个喜欢古筝，一个喜欢二胡。
3「渔船唱晚」という曲はなんの楽器で演奏するのか　用古筝。
4「二泉映月」という曲はなんの楽器で演奏するのか　用二胡。
5 どうして二胡は不思議だと言われているのか　因为两根弦儿就能演奏出那么动听的声音。
6 中国にはほかにどんな民族楽器があるか知っていますか　（略）

【練習3】
1 ○
王阿姨正在为今年的社区中秋晚会排练。
（王さんは今年の地区中秋パーティーのために稽古をしているところだ）

2 ×
王阿姨是专业京剧演员。（王さんはプロの京劇俳優だ）
3 ○
王阿姨唱的是《苏三起解》。（王さんが歌ったのは「蘇三起解釈」だ）
4 ×
这个年轻人对京剧一点儿也不了解。（この若者は京劇についてまったく知らない）
5 ○
京剧里按人的不同性别、年龄、身份、性格划分为生、旦、净、丑四种类型的角色。
（京劇では、性別や年齢、身分、性格によって役柄を生・旦・浄・丑の 4 種の類型に分けている）
6 ○
苏三属于旦角儿里的正旦，也就是青衣。
（蘇三は旦の行当のうち正旦にあたり、すなわち青衣である）
7 ○
刘大爷在《秦香莲》里扮演的是包公。
（劉さんが「秦香蓮」で演じるのは包公である）
8 ×
秦香莲属于"净"，也叫"大花脸"。（秦香蓮は「浄」の行当で、「大花臉」とも呼ばれる）
9 ×
中秋晚会上，这个年轻人和王阿姨一起演出。
（この若者は、中秋パーティーで王さんとともに出演する）

主編：孟国（天津師範大学教授）
翻訳：井田綾

イラスト：タハラチハル
写真撮影：小林さゆり

本書は『原声汉语　初级实况听力教程』（北京大学出版社、2008年）
を全訳、編集したものです。

街なかの中国語　耳をすませてリスニングチャレンジ

2012年11月30日　初版第1刷発行
2023年　6月20日　初版第4刷発行

主編者●孟　　国
翻訳者●井田綾
発行者●間宮伸典
発行所●株式会社東方書店
　　　　　東京都千代田区神田神保町1-3　〒101-0051
　　　　　電話(03)3294-1001　営業電話(03)3937-0300
装　幀●堀　博
CD製作●株式会社東京録音
印刷・製本●倉敷印刷株式会社

※定価はカバーに表示してあります

Ⓒ2012　孟国・井田綾　　　　Printed in Japan
ISBN978-4-497-21208-5　C3087

乱丁・落丁本はお取り替え致します。恐れ入りますが直接本社へご郵送ください。
Ⓡ本書を無断で複写複製（コピー）することは、著作権法上での例外を除き、
禁じられています。本書をコピーされる場合は、事前に日本複製権センター
（JRRC）の許諾を受けてください。
JRRC〈http://www.jrrc.or.jp　Eメール：info@jrrc.or.jp　電話：03-3401-2382〉
小社ホームページ〈中国・本の情報館〉で小社出版物のご案内をしております。
https://www.toho-shoten.co.jp/

好評発売中
＊価格 10％税込

街なかの中国語 Part2
インタビュー・テレビ番組のリスニングにチャレンジ（MP3CD付）

孟国主編／井田綾・平野紀子訳／インタビュー、専門家の解説から、高速で読み上げるニュースまで、ますます「聞き取れない中国語」全48本。… A5判 280頁◎税込 3080円（本体 2800円）978-4-497-21209-2

街なかの中国語 Part3
話し手の意図・主張の聞き取りにチャレンジ（MP3CD付）

孟国主編／井田綾・平野紀子訳／討論番組、インタビューなど、長さと速さに挑戦する全48本。訳者による巻末エッセイも参考になる。
………… A5判 336頁◎税込 3300円（本体 3000円）978-4-497-21317-4

やさしくくわしい
中国語文法の基礎
改訂新版

守屋宏則・李軼倫著／充実した検索機能など、旧版の長所はそのままに、例文を全面的に見直し、解説もアップデート。
……… A5判 380頁◎税込 2640円（本体 2400円）978-4-497-21918-3

文章力をワンランク上げる
中国語接続詞用法辞典

劍重依子・木山愛莉・喬秦寧編著／接続詞200個を厳選。例文を多く収録し、実例からニュアンスや使い方をマスターできるようにしている。…四六判 480頁◎税込 2970円（本体 2700円）978-4-497-22306-7

東方書店ホームページ〈中国・本の情報館〉https://www.toho-shoten.co.jp/